シリーズ「遺跡を学ぶ」124

国宝「火焔型土器」の世界

笹山遺跡

石原正敏

新泉社

国宝「火焔型土器」の世界

―笹山遺跡―

石原正敏

【目次】

編集委員
勅使河原彰（代表）
小野　昭
小野　正敏
石川日出志
小澤　毅
佐々木憲一

装幀　新谷雅宣
本文図版　松澤利絵

第1章　笹山物語

1　火焔型土器の発見

火焔型土器No.1の発見

「あの感激は一生の思い出です。発掘に出て三年目の夏でした。移植ごての先にコツンと当たったものがあったので、段々掘ってみると、大きな「火焔型土器」であることがわかってきました。ドキドキ、ワクワクしながら、傷をつけないようにしましたね。全部が出た時は、その美しさに息をのむ思いでした。今でも、その時のことがまぶたに浮かんできます。わたしたちが携わった出土品が、市の文化財に指定され、本当にうれしいです」

この文章は、笹山遺跡で火焔型土器No.1を最初に発見した和田アサさんが語った回顧談の一節である。

「D調査区」と名づけられた場所の調査最終日であった一九八二年七月八日の午後、火焔型土器No.1が出土した（図1）。梅雨晴れの蒸し暑い一日であった。発掘調査の三年目のことで、後に縄文土器として国内初の国宝誕生となる笹山物語の幕開けとなった。

遺跡の発見

笹山遺跡は新潟県の南東部に位置する十日町市内にある。なだらかな美しい山なみにかこまれ、悠々と流れてやまない信濃川の両岸に河岸段丘が広がる十日町盆地（図2）の中心に位置している。

十日町市は、南部に日本三大渓谷に数えられる清津峡《きよつきょう》があり、西部には日本三大薬湯のひとつ松之山《まつのやま》温泉があり、越後アンギンや近世越後を代表する産物の麻織物、越後縮《えちごちぢみ》の主産地であるなど、豊かな自然と文化に恵まれた歴史の古いまちである。

笹山遺跡は、この十日町市内の信濃川右岸

図1 ● 火焔型土器No.1の出土状況
1982年7月8日、火焔型土器No.1はその姿をあらわした。倒立した状態であったことから、鶏頭冠突起や鋸歯状突起がほぼ完全に残存していた。

段丘上の標高一七〇〜一八〇メートルの緩やかな傾斜面に立地している（図3）。北側に水無《みずなし》川《がわ》、南側に才明寺川《さいみょうじがわ》の小渓谷があり、ほぼ中間の山裾に豊富な湧水がある。

この場所は土器や石器が出土することで地元では古くから知られていたが、遺跡登録は一九七三年九月のことになる。十日町青年学級郷土史研究コースが一九五五年春にまとめた報告書や、一九五八年に刊行された新潟県教育委員会の学術調査報告書『妻有郷《つまりごう》』

図2 ● 十日町上空からみた信濃川
十日町には7段の河岸段丘がある。河岸段丘の上には、古くから人間の生活が営まれており、信濃川は人びとの暮らしに大きな影響を与えてきた。

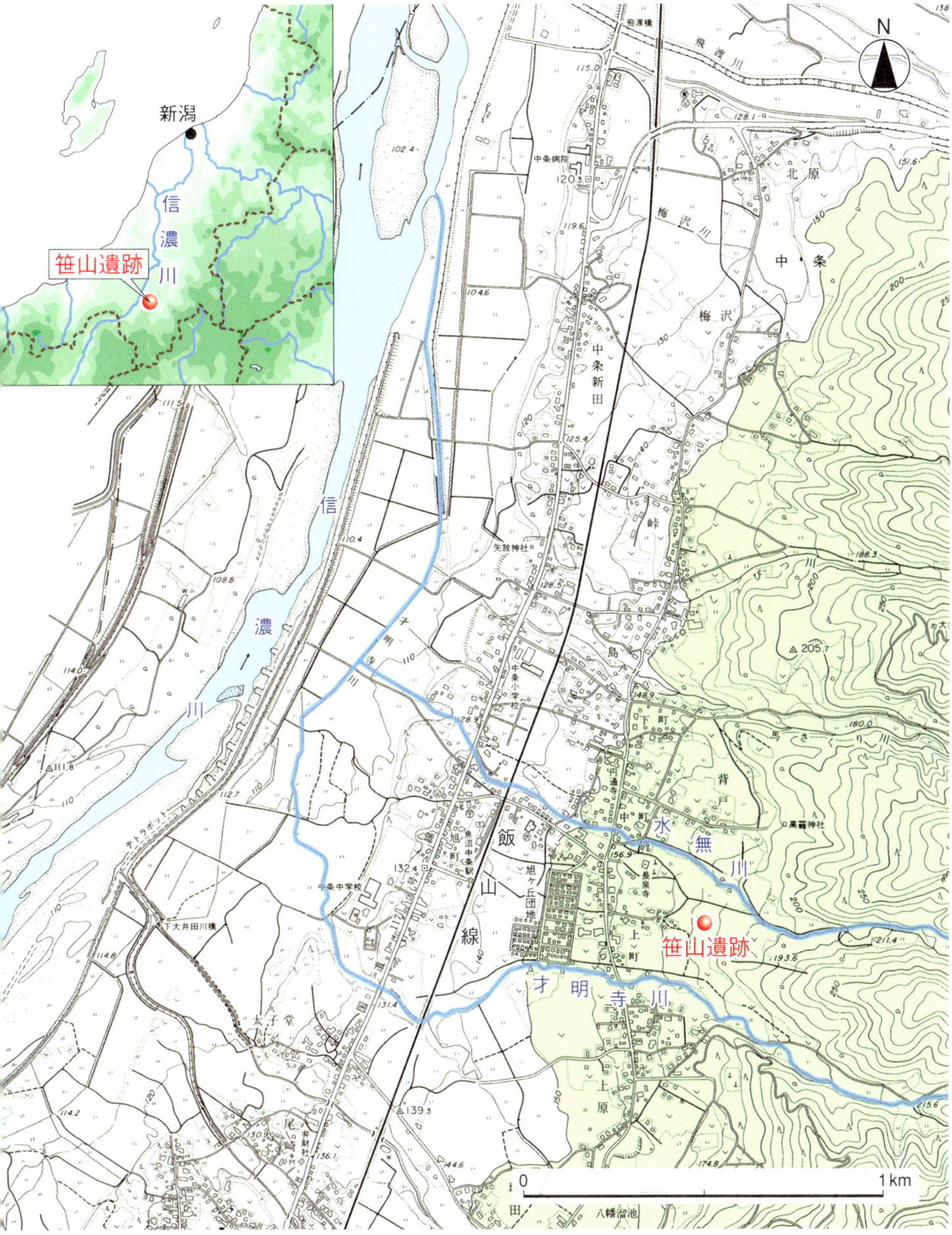

図3 ● 笹山遺跡の位置
信濃川の支流である水無川と才明寺川にはさまれた緩やかな斜面地に立地している。
信濃川との位置関係に注目してほしい（斜面地の色の濃さの境界は標高150m）。

（「妻有郷」は十日町市や津南町周辺の古称）のなかにも笹山遺跡の記述がある。

表面採集の結果などから、当初は東西約四〇メートル、南北約五〇メートル、広さ二〇〇〇平方メートルほどの小規模な遺跡と考えられていた。「笹山」というのは、じつは遺跡の南側あたりをさす通称である。遺跡カードには、小字は東浦で、「そうの木」と称するが、従来の慣用名を用いて笹山とする、と記載がある。

そして一九八〇年、笹山遺跡のある場所に市営の野球場、市民スポーツハウス、陸上競技場などのスポーツ施設が建設されることになり、発掘調査がおこなわれることになったのである。調査後に遺跡は残らない記録保存であり、スポーツ施設建設の日程のため、時間的にかなり制約があるなかで調査ははじまった。

土石流におおわれた遺跡

第一次調査は一九八〇年一一月一三日から二七日まで、笹山遺跡東側の市道造成にともない、おもに遺跡の範囲を確認するためにはじまった（調査面積四八〇平方メートル）。ここでは縄文時代中〜後期の土器や石器が少量出土し、上層からは縄文土器に混じって、中世に能登半島先端の珠洲《すず》市付近で焼かれた陶器、珠洲焼の破片が出土した。

第二次調査は一九八一年一〇月一日から八二年一月二一日まで、市営野球場の造成および市道の拡幅にともなっておこなわれた（調査面積三九六〇平方メートル）。A・B調査区東側（図4）では掘立柱建物跡が七棟みつかった。

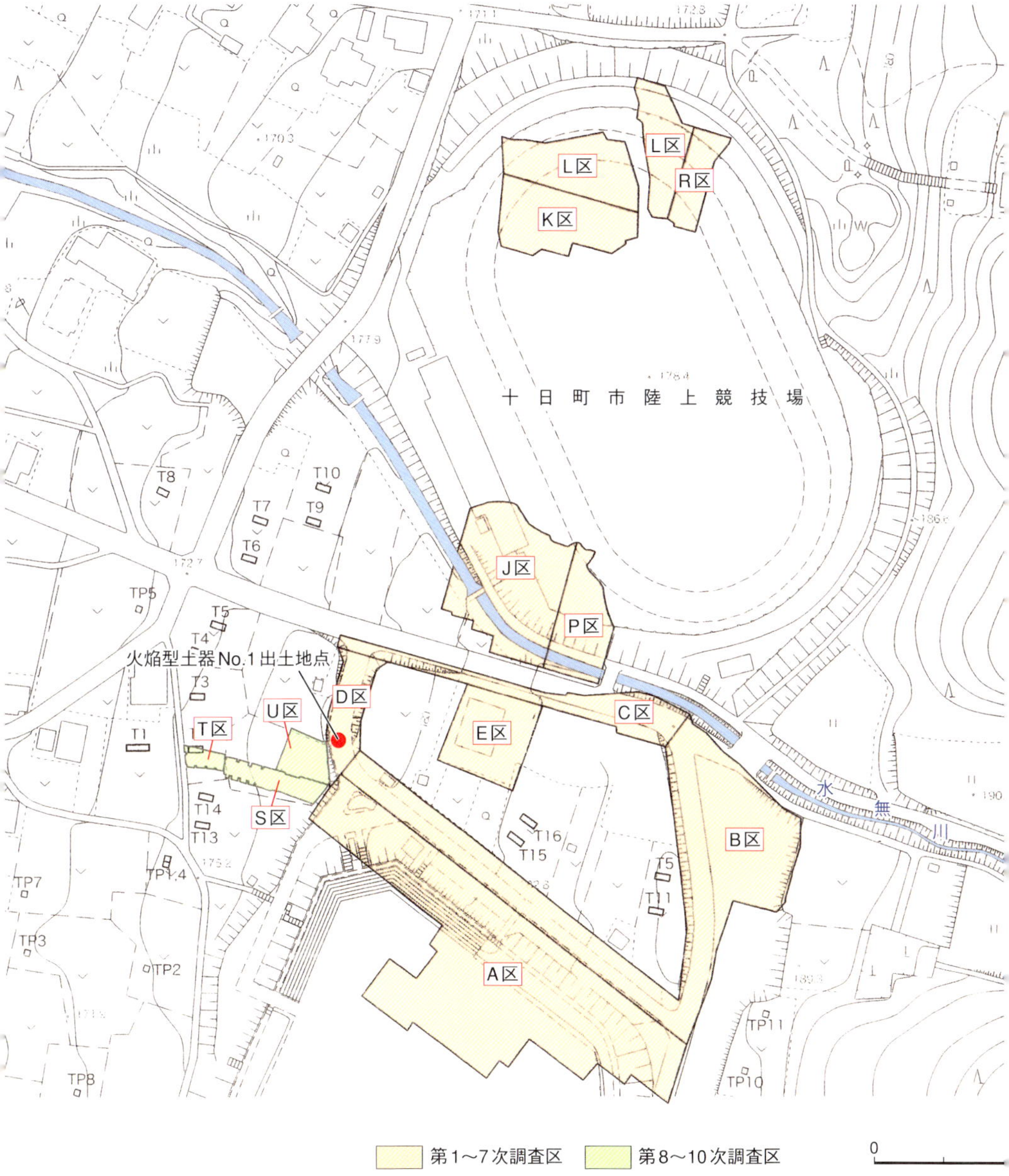

図４ ● 笹山遺跡の発掘調査区
笹山遺跡は、野球場、陸上競技場などのスポーツ施設建設にともなって発掘調査がおこなわれてきた。S区〜U区は学術調査のエリアである。

市道拡幅にともなうC調査区の調査は降雪期と重なったため、雪をかきわけながらプラスチック製のソリで土を運搬するという「雪中発掘」となり、困難をきわめた。しかし、この第二次調査で、笹山の縄文遺跡が土石流による埋没遺跡であることが明らかになった。

浅い位置でみつかった暗黄褐色の土層（土石流堆積物、当時は第二地山層とよばれた）を掘り下げていくと、土層は茶色から黒色に変わり、下から縄文土器の破片などがザクザクと出てきた。しかも、下にある土層は相当な厚みがあることも明らかになった。縄文時代の良好な遺構・遺物があると期待されたが、しかし道路工事が延期となったため、調査も春まで一時中断となった。

雪消えを待って一九八二年四月一二日から六月一三日まで、第三次調査がおこなわれた（調査面積四三〇〇平方メートル）。C調査区の補足調査後、中断していたA・B調査区西側の調査がはじまった。中世遺跡の調査が終了すると、重機で暗黄褐色の土石流堆積物を除去し、縄文遺跡の調査となった。

バックホーで土石流堆積物の最下部近くまで掘り下げ、排土を脇にうず高く積んではブルド

図5 ● 発掘作業風景
発掘調査は地道な作業の積み重ねである。写真中央部で石組炉がみつかったので、その周辺を慎重に掘り下げている。

ーザーで押し、その後に人力による発掘に切り換える。そして、一区画の調査が終了すると、別の区画の調査に進む、という作業が繰り返された。縄文時代の遺構が重複しつつ密集しており、炉跡がA・B調査区西側で六四基、C区西側で一一基もみつかった（図10参照）。また、縄文土器、石器など大量の遺物が出土した。

調査担当者の阿部恭平《きょうへい》さんは、第二次調査において笹山の縄文遺跡が土石流による埋没遺跡であるということが判明しなければ、その後の調査の進展はなかっただろう、と機会あるごとに語っていた。当時の発掘調査の常識では、第二地山層まで掘り下げるのが精一杯であり、笹山遺跡は中世遺跡を中心とした調査で終了していた可能性が高いという。土石流堆積物により縄文遺跡の上部は壊されていたが、下部はパックされ良好に保存されていた。あの時のもうひと掘りがなかったならば、後に国宝となる火焔型土器をはじめとする膨大な遺物や一一二基におよぶ炉跡は発見されなかった、と考えただけで空恐ろしくなる。

火焔型土器との出会い

第四次調査は、同年六月一七日から七月九日まで、市道

図6 ● 炉跡の調査
石組複式炉（D調査区5号炉）の実測作業をおこなっている様子。記録保存の大切な作業のひとつである。

から野球場への道路造成にともなっておこなわれた（調査面積五一〇平方メートル）。このあたりは当初、遺跡の外縁という認識が強かったが、A・B調査区西側と同様に遺構が密集し、大量の遺物が出土した。火焔型土器の大半はこの調査区の南側から出土している。

当初の計画では、調査はA調査区だけだったが、野球場の駐車場が狭すぎるという話がもち上がり、急遽北側へ一〇メートル拡張することになった。この拡張部分がB調査区である。

これによって調査は遺跡の中心部分へ接近するにとどまらず、道路の設計変更をもたらし、調査部分もそれにともなって微妙に移動することになった。道路の位置は当初より東側（山側）へ道路一本分ほど移動することになった。

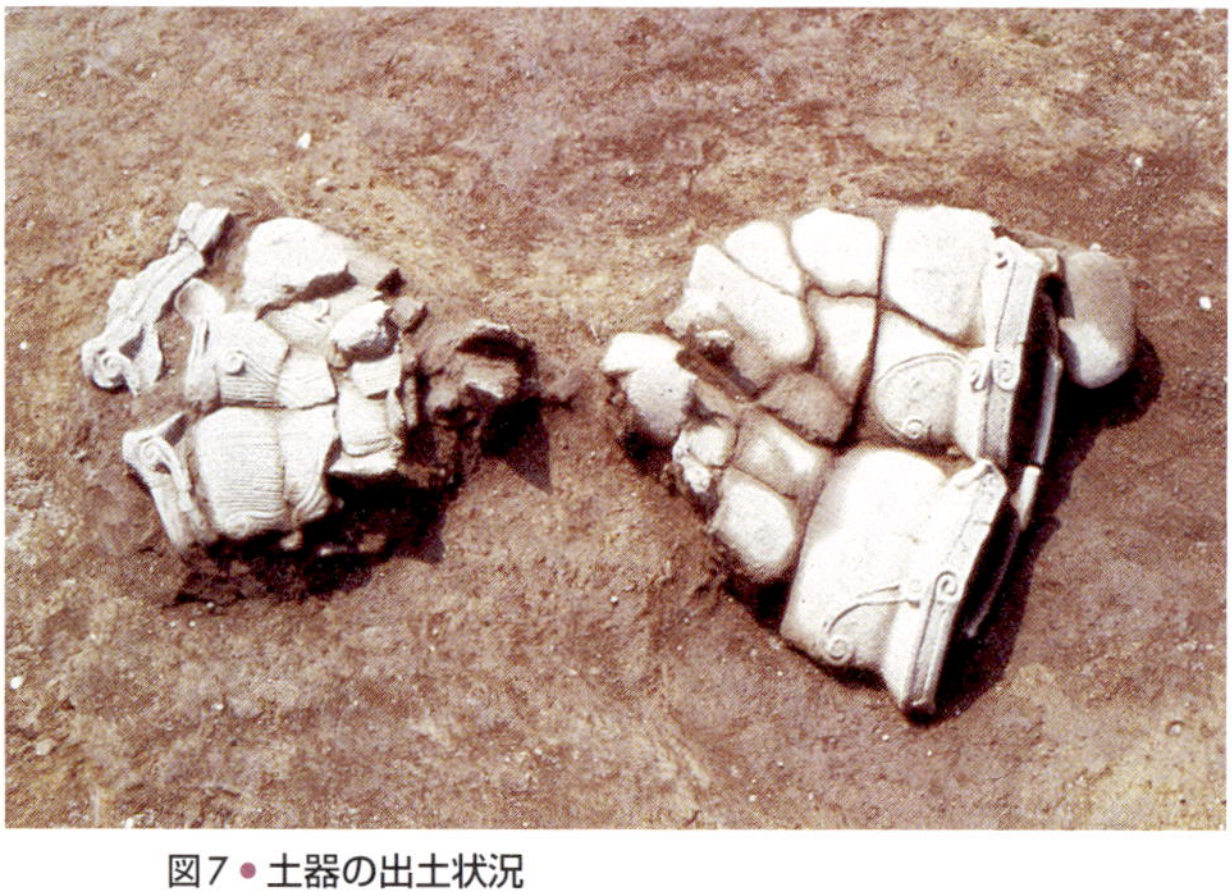

図7 ● 土器の出土状況
縄文土器が潰れた状態で出土している。写真撮影や必要に応じて実測作業などをおこなってからとり上げる。

まさしく運命の別れ道とはこのことで、これが後に国宝となる火焔型土器№１の発見につながったのである。駐車場を拡張し進入路をとりつけるという設計変更によってＤ調査区が発掘されなかったならば、これらの土器群は日の目をみず、深い土中で眠りつづけていただろう。当時、だれがこれを予測できたであろうか。

臨時職員として調査に携わった渡辺正範《まさのり》さんの話では、七月七日から八日の朝にかけて笹山遺跡周辺に雨が降ったらしい。七日の夕方にはわからなかったが、八日朝の現場にうっすらと黒っぽくなっている部分があり、調査担当者と協議のうえ、その部分をさらに掘り下げたところ、火焔型土器№１が出土したという。まさに恵みの雨であり、微妙な色調のちがいに気づき、調査最終日にもかかわらず、果敢に掘り下げを実行した卓見に敬意を表したい。偶然が必然に変わった瞬間で、神のみぞ知るといわざるをえない。

身の毛がよだち、悪寒が走った

こうして火焔型土器№１は、七月八日、土石流堆積層の下から出土した。阿部さんは、発見時の様子を、後に地元新聞につぎのように語っている。

「午後の調査が始まってまもなくであったと思う。ベテラン作業員の和田アサさんが、丸い形をした土器の胴の部分を掘り出し始めた。この調査区は、土器の出土がやたらと多く、火焔型・王冠型土器の復元できそうな破片群や、大小の深鉢形土器が、横転しそのまま潰《つぶ》れた状態でごろごろと出土した。だから、「また出てきたな。こういうやつは大体胴部だけなんだよな」と独り合点しながら、アサさんに一〇センチほど掘り下げてくれるよう指示して、現場のあちこちを飛び回った。（中略）さっきの場所に立ち戻った。とんでもないものを見てしまった。一瞬、目を閉じた。「まさか……」黄色味がかった残像が消えない。大きすぎるのだ。身の毛がよだち、身体中に悪寒が走った。あの丸形の土器の胴部は、火焔型土器の胴部から口縁部へと変貌した。鶏冠《とさか》をあしらったような把手《とって》をはじめ、トンボ眼鏡《めがね》状突起や袋状突起など、火焔型土器特有の複雑な造形部分は皆そっくりあった。やや傾き、逆さまの状態で出土してきた。難産と言うべきか、逆児で生まれてきたのである。ほとんど五体満足であったが、胴の下部と底は欠損していた。（中略）縄文世界からのかけがえのない贈物を、一刻も早く炎天下から日陰に移したかった。強い日差しで、土器が割れて粉々になってしまうのではないかと恐れた。急いで出土状態の写真を撮り、近くの農家から提供してもらった藁《わら》をコモ状にして、縄でグルグル巻きに梱包して取り上げた。土器が壊れないように、複雑な把手部分に沢山の土を付けたままで、また内部にも土が充満しているので重かった。二人でやっと持てるほどであった。取りあえずテントの日陰まで運び、夕刻、自家用車の助手席に鎮座願い、超ノロノロ運転でどうにか博物館へたどり着いた」

歴史の証言者としてその瞬間に立ち会えたことはうらやましく思うが、喜びと苦悩が交錯したことが推察される。

火焔型土器は長岡市の馬高《うまたか》遺跡から出土したもの（**図16参照**）が代表的で、中魚沼《なかうおぬま》郡津南《つなん》町から十日町市、長岡市付近を中心とする新潟県中越地方の遺跡から出土することは、私も中学生のころから知っていた。夏休みの自由研究で長岡市立科学博物館や図書館に通って、長岡市内の縄文遺跡を夢中になって調べたが、実際にその遺跡をめぐったり、調査現場を見学するようになったのは大学生になってからである。大学の先輩が十日町市でアルバイトをしていた縁で、時々調査に参加させていただくことになったが、ケース越しにみる土器とは違って、その生の迫力に圧倒される毎日であった。

2　姿をあらわしたムラ

さて、調査はその後もつづき、その年の九月から一九八五年の八月まで、第五〜七次の調査がおこなわれた。場所は、水無川左岸から昔スキー場に使われていた山腹の近くや、駐車場を含め関係用地全体をE調査区としたなかの特設区、陸上競技場造成工事にともなうもので、中世遺跡の調査が主眼で、Ｊ区、Ｐ区以外には縄文時代の遺構は少なかった。

以上、七次にわたる調査の結果、笹山遺跡は、縄文時代中期の環状集落および中世の村落跡の複合遺跡であることが明らかになった。

縄文時代の遺構は、炉跡一一二基（竪穴住居にともなうことが明らかなものは七基）、配石遺構一基、土坑《どこう》五基、埋設土器（埋甕《うめがめ》）三六基などで、これらは径一〇〇メートルほどの同心円状に配置されている。縄文時代の遺物は、整理用コンテナで二〇〇〇箱近く出土している。土器、土製品、石器、石製品と多彩である。縄文土器は中期前半から後期前半のものが出土しており、主体は中期中ごろから終末期のものである。約二五〇個体の土器が復元されている。

炉の形態は、焼土以外に何もともなわない地床《ぢしょう》炉《ろ》、土器を埋め込んだ土器《どき》埋設炉《まいせつろ》、石でかこった石組《いしぐみ》炉《ろ》と石組複式炉《いしぐみふくしきろ》に大別される（図8）。石組炉がもっとも多く、四角形、長方形、楕円形などのほかに、ダルマ形、八の字形、すり鉢形、モザイク形など、じつにバラエティーに富んでいる。

炉跡の多くは竪穴住居の内部に設けられた炉とみられるが、柱穴の配置がある程度わかるものは七基にとどまる（図9）。遺構の重複が著しかったことや埋積土の状況も複雑であったことなどから、これ以上の調査成果を求めるのは酷といえるだろう。

図8 ● 石組炉（上）**と石組複式炉**（下）
石組炉の中央には土器が埋められている。炉が2つくっついた状態の石組複式炉もやはり中央に土器が埋められている。

各遺構の配置をみると（図10）、土坑はJ区西端部に集まり、これは分布域の外縁部にあたる。そして、その内側に炉跡が分布する。さらにその内側の集落中心部は、E調査区を除きそのほとんどが未調査である。E調査区では、炉跡二基と埋設土器一一基がみつかっているのみであり、遺構の分布は空白に近い状況である。

以上をまとめると、笹山遺跡は、土坑群（外縁部）―炉跡群（居住域）―埋設土器群（墓域）―中心部（広場）という集落構造を想定することができる。

集落の時期を検討すると、土器は縄文時代中期中葉から後期前葉までのものが出土しているが、炉跡の所属時期から判断すると、集落の主体となる時期は、中期中葉（大木《だいぎ》8b式）から中期末葉（大木10式併行）である。これは、後でくわしくみる火焔型土器の時期（大木8a～8b式併行）とずれをみせている。

図9●竪穴住居跡
D調査区の第16号住居跡。石組複式炉をとりまくように柱穴がみつかっている。石組炉の中央に土器が埋められている。

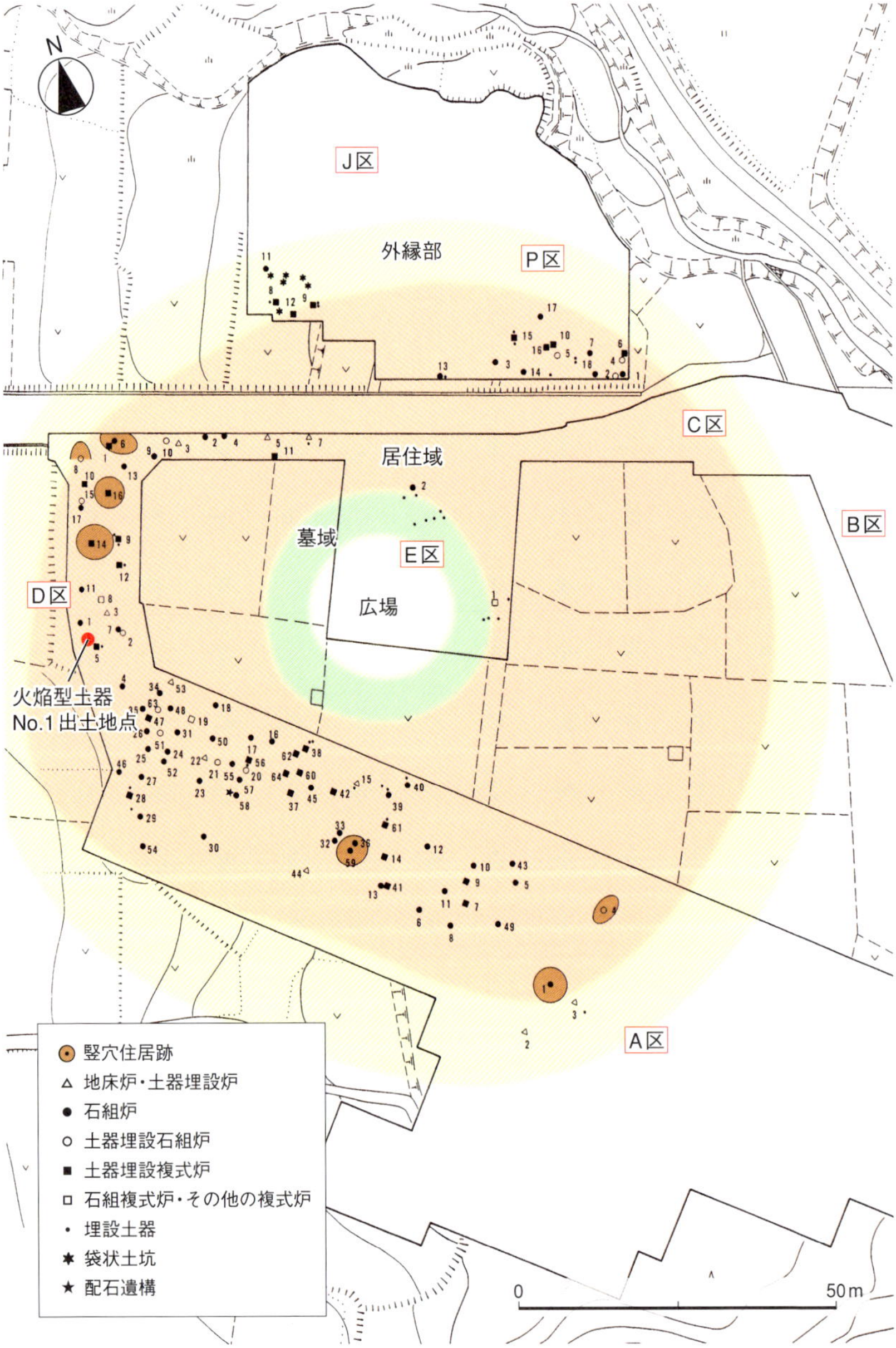

図10 ● 笹山集落の想定図
土坑群（外縁部）―炉跡群（居住域）―埋設土器群（墓域）―中心部（広場）という円形の集落構造を想定できる。

3　縄文土器では最初の国宝に

異例の出世

笹山遺跡の出土品は、発掘調査後の数年にわたる整理作業、調査研究などをへて、一九八六年秋に展示公開され、一九九〇年二月に市の文化財指定、翌九一年三月に県の文化財指定、そして翌九二年六月に国の重要文化財指定と、異例の速さで文化財指定の階段を昇りつめた。

縄文時代を代表する火焔型土器が今までになく質・量ともに豊富であることや、火焔型土器が製作された時期・地域の集落のあり方、生活の様相を知るうえできわめて貴重な学術資料であることが、国重要文化財の指定理由である。なお、市文化財指定においては、土器や石器などの破片を含めた一括指定であったが、国重要文化財指定においては「新潟県笹山遺跡出土品九二八点」となっている。

追い風が吹く

知識人の方々からも笹山遺跡出土の火焔型土器は評価された。雑誌『芸術新潮』は一九九〇年新年号で国宝の特集を組み、そのなかの「新たに国宝を指定するとしたら、あなたは何を推薦しますか」というアンケートで、哲学者で当時国際日本文化研究センター所長であった梅原猛さんがトップに挙げたのが、笹山遺跡から出土した火焔型土器であった。梅原さんは推薦の理由をつぎのように述べている。

「かつて岡本太郎がいみじくも指摘したように縄文土器や土偶ほどすぐれた芸術品は日本の全芸術を見渡してもあまり見当たらないのである。この縄文土器の頂点が火焔土器であると言えよう。この火焔土器と呼ばれる馬高式土器はまむしの文様を中心とした勝坂式土器の変容であろう。そこでは、勝坂式土器において、あるいはとぐろを巻いて地上を我がもの顔に横行する蛇がついに火焔となって天に昇る感がある。ここにはすさまじいエネルギーがあるが、それでいて、それは静謐《せいひつ》な思弁が秘められているのである」

梅原さんの発言が大きなきっかけとなり、その後のトントン拍子の出世につながったといっても過言ではない。

また、青柳正規《まさのり》さん、甘粕健《けん》さん、岡村道雄さん、加藤晋平さん、小島俊彰《としあき》さん、小林達雄さん、宗左近《そうさこん》さん、田辺征夫《いくお》さん、寺村光晴《みつはる》さん、土肥《どい》孝《たかし》さん、原田昌幸《まさゆき》さん、藤本強《つよし》さん、渡辺誠《まこと》さんをはじめ数多くの研究者が笹山遺跡の火焔型土器を高く評価してくださり、さまざまな面で後押ししていただいたことも忘れることができない。

海外の展覧会で絶賛

その後、国内外の展覧会でも注目されることになる。一九九二年八月から一一月にかけて、笹山遺跡出土の火焔型土器二点が、アメリカ・ワシントンのアーサー・M・サックラー美術館で開催された「古代の日本展」に出品された。一点は展示室入口正面のガラスケースに、もう一点は火焔型土器群のケースのなかで一番高いところに展示されるなど、破格の扱いであった。

図11 ● 火焔型土器No.1
高さ46.5cm、最大幅43.8cm、残存率95%。日本の原始美術を代表するものとして、国内外の展覧会で絶賛されている。

十日町市博物館と同友の会が募集した「古代の日本展」見学ツアーに参加した波形卯二《なみかたしげじ》さん(当時博物館長)が、展示責任者のアン・米村さんにどうしてトップに展示したのか尋ねると、「最初に見たときからすばらしいと感じました。いくつか候補を挙げてみましたが、火焔型が一番良かった」ということであった。波形さんは、火焔型土器が世界のなかでも高く評価されていることを確認し実感できたことは、すばらしいことであったと話していた。

また一九九八年九月から一一月にはフランス・パリの日本文化会館で開催された「縄文展」にも出品され、その造形や文様の華麗さが日本の原始美術を代表するものとして絶賛を博した。

ついに国宝指定

こうして笹山遺跡が注目されるなか、十日町市では一九九七年度から発掘調査と整理調査を並行しておこなう体制を組み、そのときにまだ調査報告書を刊行していなかった遺跡のなかから、火焔型土器などの重要文化財を保有する笹山遺跡を選び、調査報告書づくりを開始した。

整理調査には専従職員二名と臨時職員二名を配置し、限られた期間のため、①実測図・表などを多用し客観的なデータの提示に努める、②考察編は掲載しない、③図・写真は必要なものだけにとどめ文章・図版ともにコンパクトにまとめるなどの編集方針にもとづいて作業を進め、一九九八年九月末に発掘調査報告書を計画通り刊行した。

こうした経過をへて、翌一九九九年六月に笹山遺跡出土品九二八点が国宝に指定された。新潟県初の国宝の誕生であり、縄文土器として国内初の指定という快挙となったのである。

図 12 • **火焔型土器No.5**
高さ35.6 cm、最大径34.2 cm、残存率45%。高く立ち上がった鶏頭冠突起と胴部のくびれが特徴的。

図13 • 火焔型土器No.6
高さ34.5㎝、最大径33.6㎝、残存率90%。No.1よりやや小ぶりであるが、造形美ではひけをとらない。

図14 ● 王冠型土器No.15
高さ27.2cm、最大径28.6cm、残存率90%。王冠型土器は火焔型土器とセットで出土することが多い。

図15 • 王冠型土器No.16
高さ26.2cm、最大径27.4cm、残存率75%。口縁部の突起の側面は、鳥などの生き物の口のようにみえる。

第２章　火焔型土器を解読する

1　火焔型土器とは

火焔土器と火焔型土器

まず言葉の説明をしておこう。「火焔土器」という名称がある。これは長岡市の馬高遺跡で一九三六年（昭和一一）に発掘された一つの土器（重要文化財、長岡市所蔵、図16）につけられた愛称（ニックネーム）である。その形が燃え上がる炎に似ていることから、この名称が生まれた。現在は長岡市馬高縄文館（火焔土器ミュージアム）で展示されている。

その後、この「火焔土器」と同じ器形や文様——口縁部《こうえんぶ》の装飾がニワトリのトサカのようなもの（鶏頭冠《けいとうかん》突起）やノコギリの歯のようなもの（鋸歯状《きょしじょう》突起）——の土器が数多く発見されるようになり、こうした土器を、馬高遺跡の火焔土器と区別して「火焔型土器」とよぶことになったのである。

図16 ● 馬高遺跡出土の火焔土器
高さ29.5cm。1936年（昭和11）に発掘され、1990年に重要文化財に指定された。「火焔土器」の愛称をもつ。

また、「馬高式土器」「火炎土器」「火炎系土器」「火炎土器様式」という似かよったよび名もあるが、研究者によって使い方はまちまちで統一されずに使用されている。

本書ではその歴史的な経過を尊重し、引用文中のよび名は原文のままとし、そのほかは総称として「火焔型土器」を用いることにする。なお後で説明するように、火焔型土器のなかには、口縁部の形から大きく分けて、燃え上がる炎に似ている「火焔型」（図11～13）と王冠《おうかん》の装飾のような「王冠型」（図14・15）の二種類があり、それぞれ「火焔型土器」「王冠型土器」とよぶようにする。したがって「火焔型土器」というよび名については、レベルの異なる二種類の使い方があることに注意してほしい。

火焔型土器の特徴

さて、「火焔」とよばれる器面を埋めつくす文様と立体的な突起は、芸術家・岡本太郎の言葉を借りれば、みる者に「これでもかこれでもかと執拗に迫る緊張感、しかも純粋に透った神経の鋭さ」を感じさせる要因となっている。

その火焔型土器の特徴を、文化庁の主任文化財調査官であった土肥孝さんは、笹山遺跡出土品の国宝指定を機に、一九九九年に刊行された『図録　笹山遺跡』の序文のなかで、「土器面の装飾として縄文が一切使われず、一切の文様の空白部がみられない点である」としている。そして「粘土紐を貼り付けたような隆線《りゅうせん》で土器面を埋め尽くす装飾技法」は「縄文式土器の器面装飾法の一極致」であり「計算された文様配置」だという。

では、それはどのような文様配置であり装飾技法なのか。火焔型土器の特徴を器形と文様からみてみよう（図17）。

器形は、口縁部・頸部《けいぶ》が胴部《どうぶ》より大きく広がる深鉢《ふかばち》が基本である。口縁部は内湾《ないわん》し、頸部は外反《がいはん》し、胴部は円筒形である。そして、縄文土器でありながら、縄文をいっさい施さず、隆線や隆帯《りゅうたい》により渦巻文やS字状文、逆U字状文を、器面をおおいつくすように描いている。また、口縁端部には鶏頭冠突起とトンボ眼鏡状突起をつけている。

これら立体的な装飾のなかでも、最大の特徴は鶏頭冠突起である。これは火焔土器という名称の由来になった燃え上がる炎、伝説上の生物グリフォン、四本脚の動物、水面を飛び跳ねる魚などをデフォルメしているなどさまざまな意見があるが、いまだに定説はない。

鶏頭冠突起は口縁部に二つずつ向かいあって、合計四つつき、これを基準として渦巻文やS字状文、逆U字状文が四単位に配置してある。そして、この突起には左向きと右向きの二種類があることが知られていて、その割合は左向きが六割、右向きが四割とのデータもある。

この違いは、原始信仰にもとづき鶏頭冠突起が左向きのものと右向きのものを対称に置いた、あるいは新旧関係があるなどの指摘があるが、私は、土器の作り手が男性であったか、女性であったかによる区別、あるいは利き手が右手であったか、左手であったかによって、鶏頭冠突起の向きが変わったのではないかと以前から考えている。しかし、これには考古学的な実証が必要であり、今後じっくり検討してみたい課題の一つである。なお、左向きの鶏頭冠突起と右向きの鶏頭冠突起が一つの土器で混在することはない。

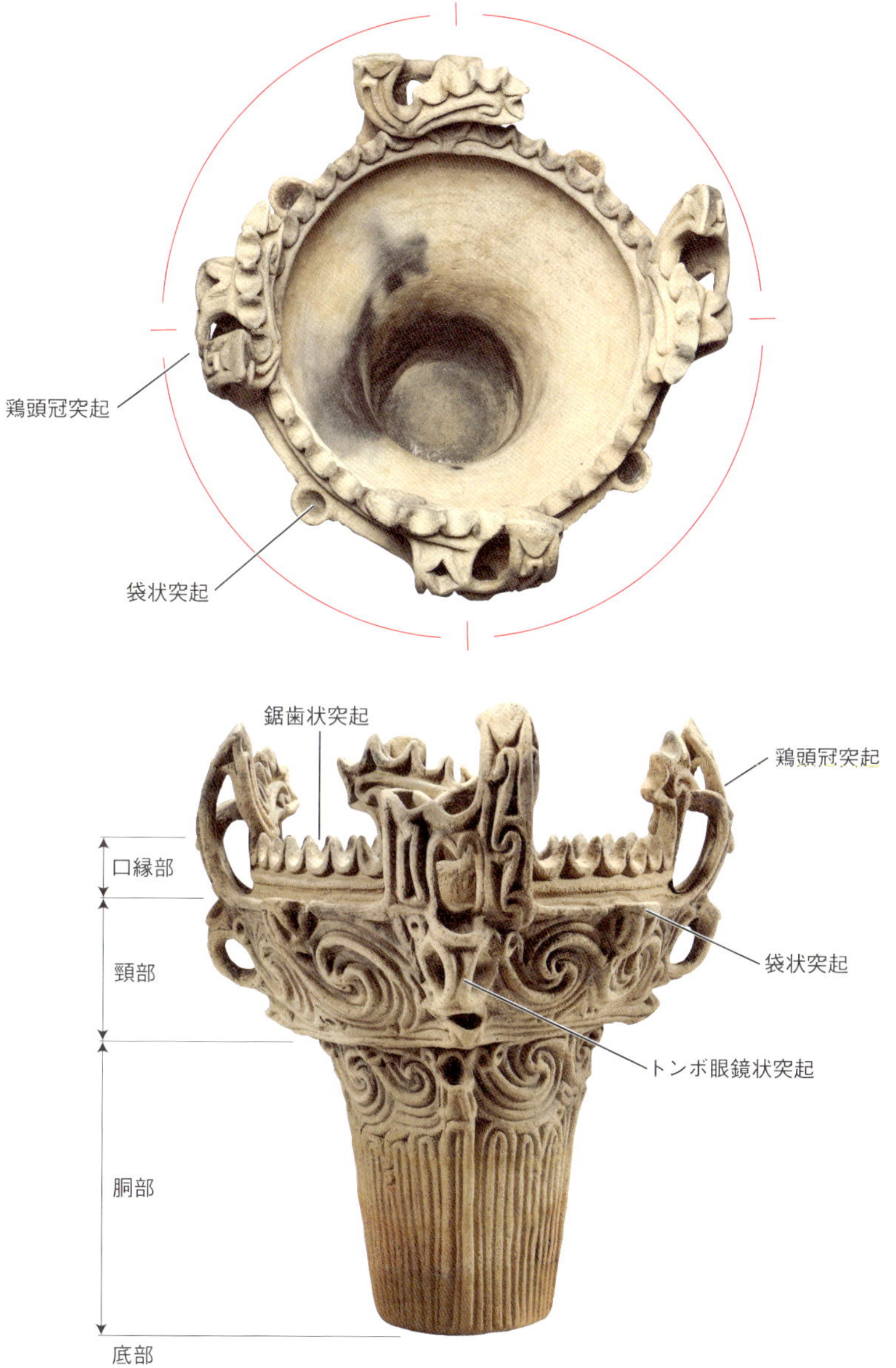

図 17 • 火焔型土器の各部名称
基本的な形は、胴部が円筒形で、頸部から口縁部が広がる深鉢である。それに鶏頭冠突起、鋸歯状突起、袋状突起、トンボ眼鏡状突起などたくさんの突起がつけられている。

2　火焔型土器の種類

火焔型土器

本章冒頭で述べたように、火焔型土器のなかには、火焔型土器と王冠型土器の二つがある。下位分類としての火焔型土器の最大の特徴は、①口縁部につく鶏頭冠突起、②鋸歯状突起、③原則として縄文を使用せず、隆帯や隆線文によって施された浮彫的な文様、にある。

頸部と胴部を横の隆帯によって区画し、頸部と胴部上半部にはS字状渦巻文を、胴部下半部には逆U字状文を描いている。そのほか四つある鶏頭冠突起のあいだには袋状突起や楕円区画文を、鶏頭冠突起の下にはトンボ眼鏡状突起をつけている。

火焔型土器は、一見すると装飾や文様に手が込んでいるようにみえるが、じつは個体差の小さい縄文土器で、単純な文様構成でできている。鶏頭冠突起を基点に縦に四つに文様が区画できる（図17）。胴部は鶏頭冠突起の正面位置に、それぞれ逆U字の隆線を貼り付け、縦の区画線となる。頸部の隆帯によって文様を上下に区画し、こうしてつくられた区画のなかには渦巻文を配置している。これを「文様の単位」とよんでおり、均等に配置した口縁の突起を中心とした縦四単位、器形を生かした横二単位の文様構成は、王冠型土器にも共通する特徴である。

王冠型土器

火焔型土器とセットで出土するものに王冠型土器がある。その形が王様のかぶる冠に似てい

鶏頭冠突起

鋸歯状突起

袋状突起

S 字状文・渦巻文

逆 U 字状文

トンボ眼鏡状突起

図 18 • 火焔型土器の各部の拡大
火焔型土器には突起のほかに、隆帯や隆線文によって浮彫的な文様が施されている。立体感あふれる装飾である。

ることからつけられた名称である。

土器の文様構成は、基本的に火焔型土器と同様である（図15・16参照）。頸部と胴部を横の隆帯で区画し、頸部にはS字状文や渦巻文が、胴部にはS字状文や逆U字状文を描いている。そして口縁部に、鶏頭冠突起の代わりに短冊状の突起がつく。短冊状の突起の側面には「えぐり」があって、鳥など生き物の口のようにみえる。えぐりは必ず左側に施してあるという興味深い特徴があるが、近年、この原則からはずれて右側にも施してある例が報告されはじめている。

遠目では大きな差異はないように思えるが、火焔型土器の口縁が水平で、鋸歯状の突起がつくのに対し、王冠型土器の口縁は大きく波状にうねり、鋸歯状の突起がつくことは断じてない。これは製作技術のうえでの大きな違いで、この二者併存にこそ、縄文論理が強く働いているのではないかという指摘があるが、私にとって解明すべき永遠の謎でもある。

3　火焔型土器の装飾

火焔型土器の変遷

火焔型土器は、現在三〜七段階の変遷が考えられている。長らく火焔型土器研究をリードしてきた寺崎裕助《ゆうすけ》さんは、「Ⅰ段階（成立）・Ⅱ段階（展開）・Ⅲ段階（終焉）に大別され、さらにⅠ・Ⅲ段階はA・B段階に、Ⅱ段階はA〜C段階の7段階に細別できる」としている。

一般的に、出現・成立期の火焔型土器は、頸部と胴部の境があまりくびれず、全体的にずんどうな形をしている（図19・20）。また、鶏頭冠突起も背が低く、横長のものとなっている。文様にも、頸部に蕨手状文《わらびてじょうもん》や連弧文《れんこもん》などがみられるなど、不均一なものになっている。

これに対し、最盛期の火焔型土器は頸部が強くくびれ、胴部が細く引き締まった形をしている。鶏頭冠突起は背が高く大型のものになる。器形・文様とも非常に規格化されている。

国宝・火焔型土器の位置づけ

笹山遺跡から出土した土器群は、時期的にも系統的にも多岐にわたっている。遺構にともなう資料が少なく、共伴《きょうはん》関係をつかみにくいが、文様構成、施文《せもん》技法、器種組成《きしゅそせい》などにみられる一定のまとまりにもとづいて、

図19 ● 火焔型土器より少し古手の土器
高さ45.0cm。口縁部の三角形土偶（図44参照）のような突起が特徴的。文様に空白部があり、火焔型土器より少し古手の土器である。

調査報告書は、笹山一期から七期までの七期に区分している。

そのなかで火焔型土器と王冠型土器は、笹山二期から笹山三期の時期に相当する（図21）。国宝の火焔型土器一四点のうち、指定番号2〜5、7〜9、11〜14は笹山二期に、指定番号6、10は笹山三期に、指定番号1はその間の時期に位置づけられる。王冠型土器三点はいずれも笹山二期に位置づけられる。

寺崎編年によれば、指定番号2はⅡC段階に、指定番号1はⅢA段階に位置づけられ、それ以外の火焔型土器にも新旧関係があることから、笹山二期を二期ないし三期くらいに細分する必要があるかもしれない。また、笹山三期に属する王冠型土器がみつかっていないことは、組成や火焔型および王冠型の土器の用途・性格を考えるうえで注目すべき点である。

図20 ● 出現・成立期の火焔型土器
高さ22.4㎝。口縁部に鋸歯状突起がなく、鶏頭冠突起も2つという特異な特徴から、出現・成立期の火焔型土器である。

笹山2期

No.7（高さ27.0cm、径25.8cm）

No.4（高さ35.5cm、径32.6cm）

No.8（高さ26.4cm、径22.6cm）

王冠型土器

No.15
（高さ27.2cm、径28.6cm）

No.16
（高さ26.2cm、径27.4cm）

No.17（高さ21.2cm、径23.1cm）

No.2（高さ57.9cm、径53.3cm）

No.1（高さ46.5cm、径43.8cm）

笹山3期

No.6（高さ34.5cm、径33.6cm）

No.10（高さ37.2cm、径33.8cm）

図21 • 笹山遺跡出土の火焔型土器の変遷
文様構成、施文技法などから笹山遺跡の火焔型土器は、
No.7→4→2→1→6という変遷が考えられる。

火焔型土器の年代を測る

考古学の年代には、実際の年をあらわす「絶対年代」と、時間の相対的な新旧関係を示す「相対年代」がある。文字のある時代では、文書や記録から絶対年代である暦年代（実年代）を明らかにすることができるが、縄文時代など文字のない時代では、考古資料から絶対年代を決定することができないので、型式学的方法と層位学的方法にもとづいて、資料の新旧関係を示す相対年代が用いられる。

縄文時代でもっとも基準となる相対年代は、土器の編年研究である。これは、土器がほとんどの時期や地域に広く存在し、その形態や文様に時間的な変化がよく反映されているからにほかならない。

近年では、放射性炭素（炭素14）法を主として、考古資料の理化学的な分析にもとづいて年代（理化学年代）を測定することも盛んにおこなわれている。放射性炭素法でも、微量の炭素で測定可能な加速器質量分析（ＡＭＳ）法とよばれる新しい方法が開発され、さらにその値を暦年代に補正する手法（暦年較正《れきねんこうせい》）が登場して高精度化が進んでいる。なお、補正された較正年代から縄文時代のはじまりがきわめて古くさかのぼるように思われがちだが、全体の枠組みが変わっただけで、特定の年代だけが古くなったわけではない。直接測定した炭素14測定年代と補正された較正年代をきちんと区別することが大切である。

さて、縄文時代中期中葉に隆盛を迎える火焔型土器であるが、この一五年くらいのあいだに、火焔型土器とこれにともなう土器の付着物の炭素14年代測定がおこなわれ、結果が公表されている。約二〇〇の資料について測定がおこなわれ、その多くが約五三〇〇〜四八〇〇年前の五〇〇年間に入る年代を示すという（図22）。

土器様式の変遷では、これまで大きく四段階に分けられることが一般的であったが、一段階あたり約一二〇年と考えることができる。寺崎さんの七段階区分では、さらに目盛が細かくなる。一三〇〇〇年以上続いた縄文時代のなかで、火焔型土器は五〇〇年のあいだのみ出現し、つづく中期後葉の土器にほとんど影響を残さずに消滅する。火焔型土器が「縄文の華」といわれる所以である。

火焔型土器の色調と混和材

なお、材料となる粘土と混和材の研究は、ようやく端緒についたばかりである。

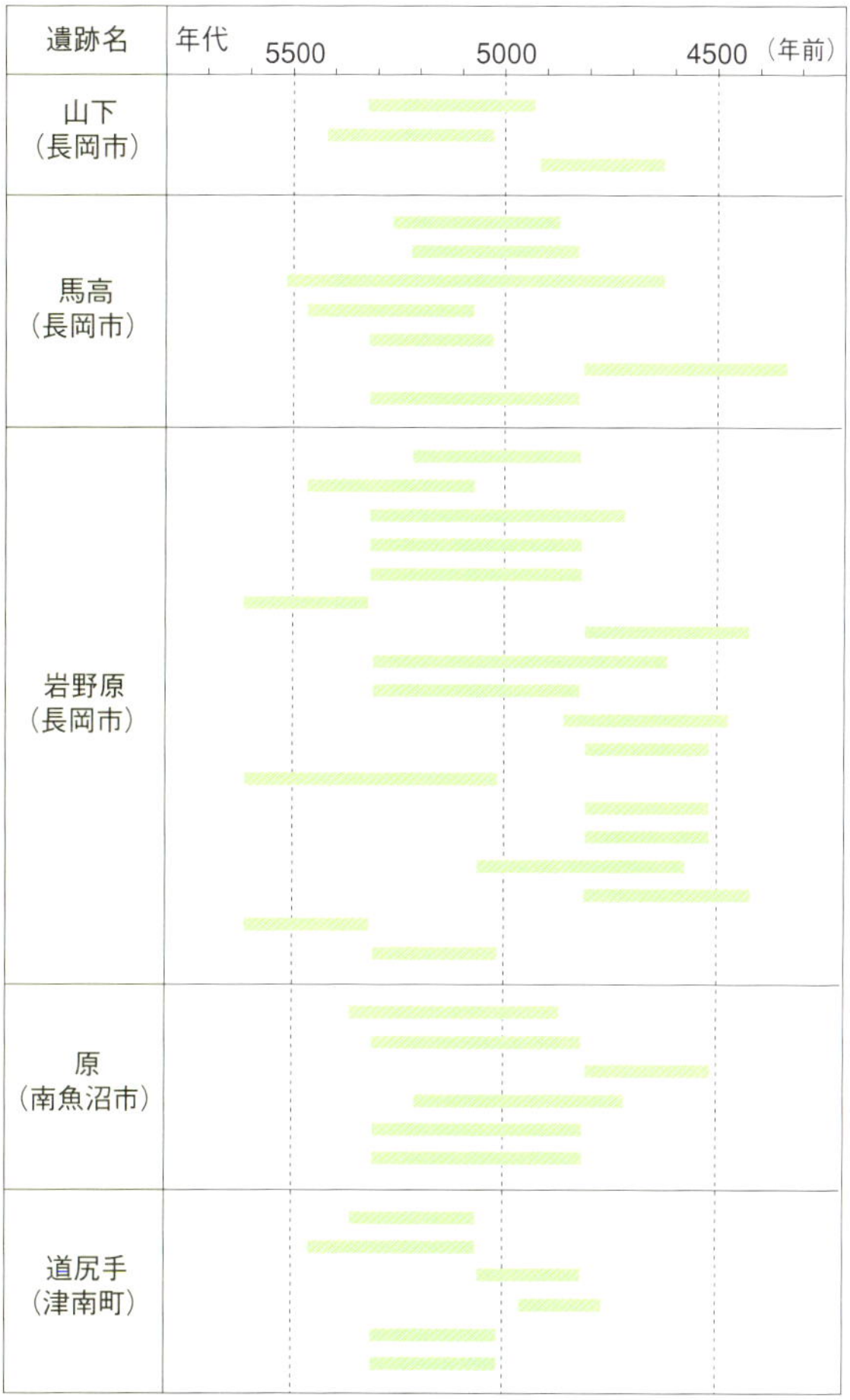

図22 ● 火焔型土器の年代
炭素14年代測定の結果、火焔型土器の多くは5300〜4800年前の500年間に入る年代を示している。

火焔型土器の色調には白色系と赤色系があり、黒色系はほとんどみられない。土器の色調は鉄分の含有量によって変化が生じることが明らかになっており、白色系にくらべて、赤色系の土器により多くの鉄分が含有していると理解される。

長岡市近傍では白色系が多く、南魚沼市付近には赤色系が目立つという研究者の指摘がある。地域的な色調の違いが、地域の潜在的な地質構造と関連するものか、あるいは意図的に鉄分を含有する鉱物や滞水域に形成する第二酸化鉄を混入したのかなど、これからの検討課題である。

東アジアの土器づくり民族事例に、土器片や焼成粘土塊をくだいて混ぜ込むシャモットとよばれる混和材混入がある。これに類似する事例が、新潟県の中期中葉土器群で知られている。中期中葉という時期は、まさに火焔型土器がつくられていた時期である。現段階では土器破砕片混入が確認された火焔型土器がわずかにある。

4　火焔型土器の系譜

どこから火焔型土器は生まれたのか

火焔型土器の出現に関しては、北陸地方の新保《しんぼ》・新崎《にんざき》式土器や、東北地方南部の大木式土器など周辺地域からの複雑な影響を受けたとされている。新保・新崎式土器（図23）は、半截竹《はんさいちっ》管《かん》による半隆起線文によって描かれた文様を特徴としている。一方、大木7b式土器（図24）は、頸部がくびれ、口縁部が外反する器形であり、口縁部には四つの把手がつき、波状口縁となる。文様は、半円形もしくは楕円形の区画文を特徴とし、そのなかに渦巻文や交互刺突《しとつ》文、押圧《おうあつ》縄文などが施される。

このように胴部に半隆起線文を密に施すという火焔型土器の技法は新保・新崎式土器から、器形と四つの把手を基準とした四単位の文様構成は大木７b式土器から影響を受けたと考えられている。

また火焔型土器を特徴づけている鶏頭冠突起の発生については、中期前葉の大木７b式土器の時期にさかのぼらせる考え方と、中期中葉の大木８a式土器の時期とする二つの考えが示されている。前者は、その祖形を大木７b式土器の口縁部につく橋状突起、後者は大木８a式土器（**図24**）の口縁部につくＳ字文（眼鏡状突起）に求めている。

さらに火焔型土器が分布する信濃川流域では、保有する土器の一割程度が火焔型土器であるという興味深

図23 ● 新保・新崎式土器
半截竹管による半隆起線文様が特徴的。胴部上半部と下半部の文様のコントラストに注目してほしい（佐渡市の長者ヶ平遺跡出土）。

い分析結果がある。東北系の大木8a式・8b式、北陸系の上山《かみやま》田《だ》・天神山《てんじんやま》式土器、北信系の焼町《やけまち》式土器などの遠隔地から運び込まれた土器群とそれを模倣した土器群（図25・26）、さらにそれらが融合した折衷型式の土器群など多様な土器群が約五割を占め、残り四割が斜縄文などを施した粗製土器である。

笹山遺跡においても、火焔型土器以外に北陸地方、東北地方、関東地方から器形や文様のうえで影響を受けたと考えられる土器がみられる。これは、笹山遺跡が広域にわたる地域間交流のなかにあったことを示していると思われる。

図24 ● 大木7b式（左）**と大木8a式土器**（右）
左の大木7b式土器は口縁部の4つの突起、波状口縁が特徴的（福島県猪苗代町の法正尻遺跡出土）。右の大木8a式土器は胴部につく剣先文が特徴的（岩手県盛岡市の繋遺跡出土）。

図 25 • **上山田・天神山式土器**（上）**とその影響を受けた笹山遺跡出土の土器**（下）
上の上山田・天神山式土器は刻みのある隆帯が特徴的（富山県朝日町の境 A 遺跡出土）。
下の笹山遺跡出土の浅鉢には「かたつむり状」の渦巻文が施されている（高さ 14.0 cm、径 33.8 cm）。

同時代の素晴らしい土器群

火焔型土器が出現し隆盛をむかえる中期中葉には、北陸地方では上山田・天神山式土器が、長野県南部から山梨県、関東地方西部にかけての地域では勝坂《かつさか》式・曽利《そり》式とよばれる土器が出現する（図27・28）。

曽利式土器は、粘土紐を貼り付けた隆帯による懸垂《けんすい》文や波状文、渦巻文などの文様が特徴的で、とくに口縁部に立体的な渦巻状の大型把手がつくものは、「火焔土器」に対して「水煙《すいえん》土器」とよばれている。

勝坂式土器は、彫刻的な沈線や点線が施された太い隆帯によって文様を描き、数段に重ねた楕円形の区画文を特徴としている。口縁部と底部が算盤玉《そろばんだま》状に張り出し、大きな把手をもつ深鉢形土器が特徴的である。

青柳正規さんは、一九九二年に刊行された原始美術の図録のなかで、つぎのように記し

図26 ● 焼町式土器（左）**とその影響を受けた笹山遺跡出土の土器**（右）
左は環状突起や区画内への刺突が特徴の焼町式土器（長野県御代田町の川原田遺跡出土）。
右は笹山遺跡出土で、三叉文、橋状突起などが器面を飾る（高さ29.0cm）。

ている。

「中期におけるもっとも強固な伝統性を有する土器に、勝坂式土器のごとく創造性豊かな土器が刺激となって生まれたのが火炎土器であり、それゆえに伝統性と斬新性という矛盾した要素を有していると思われる。火炎土器は独自の装飾性をもち、特徴ある土器として注目される。しかし、勝坂式に見られる器形と装飾の調和と緊張を実現した高度な造形美と比較するなら、一地方様式としての限界を有していたように思われるのである。それゆえに、まだ十分に洗練されてはいない段階における装飾の饒舌さを有しているのである」

勝坂式土器と火焔型土器の直接対比は難しいが、貴重な意見であり、広域的な交流について今後さらに検討が必要であろう。

	関東東部	関東西部	甲信	北陸	新潟	東北南部
前葉	五領ヶ台	五領ヶ台	五領ヶ台	新保・新崎	新保・新崎	大木 7a
	阿玉台Ⅰa	五領ヶ台	五領ヶ台	新保・新崎	新保・新崎	大木 7a
	阿玉台Ⅰb	勝坂 1	勝坂 1	新保・新崎	新保・新崎	大木 7b
	阿玉台Ⅱ	勝坂 1	勝坂 1	新保・新崎	火焔型	大木 7b
中葉	阿玉台Ⅲ	勝坂 2	勝坂 2	上山田 天神山	火焔型	大木 8a
	阿玉台Ⅳ	勝坂 3	勝坂 3	上山田 天神山	火焔型	大木 8a
	加曽利EⅠ	加曽利EⅠ	曽利Ⅰ	上山田 天神山	火焔型	大木 8b
	加曽利EⅡ	加曽利EⅡ	曽利Ⅱ	上山田 天神山	火焔型	大木 8b

図27 ● 東日本における縄文時代中期前葉から中葉の土器
火焔型土器は、東北南部の大木式土器の編年では大木7b～8b式の時期にあたる。周辺地域の土器の影響も考えられる。

水煙土器（曽利式土器、山梨県甲府市の上野原遺跡）

勝坂式土器（東京都国分寺市の多喜窪遺跡）

加曽利E式土器（東京都小金井市の中山谷遺跡）

阿玉台式土器（群馬県渋川市の房谷戸遺跡）

図28 • 同時代の素晴らしい土器

5　火焔型土器は何に使ったのか

多様な種類の土器

縄文土器は八〇〇～八五〇度前後で野焼きした素焼きの器であり、煮沸、貯蔵、盛るなどの、いわゆる厨房用具である。口径と高さの比率により深鉢形、鉢《はち》形、浅鉢《あさばち》形に分類される。縄文土器は強い耐火性をもち、草創期の土器の内外面に焦げつきや煮こぼれの跡がつくものがあることから、当初から土器は現代の鍋と同じ用途であったとして、煮沸の機能を重視する意見が多い。

笹山遺跡からはじつに多種多様な形の土器がみつかっている。そのなかから深鉢形土器五七点のほか、浅鉢形土器が五点、小形土器が七点が国宝になっている。深鉢形土器五七点のなかには、火焔型土器が一四点、王冠型土器が三点、王冠型に類似する在地系の土器が三点ある。それ以外の三七点は、東北系が一一点で、在地系が二六点である。浅鉢形土器五点は、北陸系三点、東北系一点、在地系一点に区分される。なお、ここでいう在地系は新潟県全域を示すのでなく、信濃川上・中流域に中心をもつものを指している。

火焔型土器の大きさ

火焔型土器の大きさにはかなりのバラエティーがある（図29）。高さ二〇～二五センチ、容量一・五～五リットルのものが多く、高さ三〇センチ、容量一〇リットルを超える大型品は少ない。笹山遺跡の火焔型土器No.1は、高さが四六・五センチ、最大幅が四三・八センチあり、大型品に分類される。

火焔型土器の容量は、一・五リットル、三リットル、五リットル、一〇リットル前後に収まり、その最小が〇・四二リットル、最大が約二四・七リットルで、平均値では約五リットルという研究成果が発表されている。

火焔型土器ギネスをすると、最大の火焔型土器は津南町の道尻手《どうじって》遺跡出土のもので、高さ六一センチ、最小の火焔型土器は長岡市（旧栃尾《とちお》市）の石倉《いしくら》遺跡出土のもので高さ一五・五センチである。ちなみに、最大の王冠型土器は、やはり道尻手遺跡出土のもので高さ五二センチ、最小の王冠型土器は長岡市の岩野原《いわのはら》遺跡出土のもので高さ一三・四センチである（**図30**）。

十日町市や津南町などの中魚沼地方と長岡市周辺の土器のサイズをくらべると、全般的に中魚沼地方のほうが大きいという興味深いデータもある。なお、出土地は不明であるが、米国クリーブランド美術館所蔵の火焔型土器は六九センチと紹介されている。

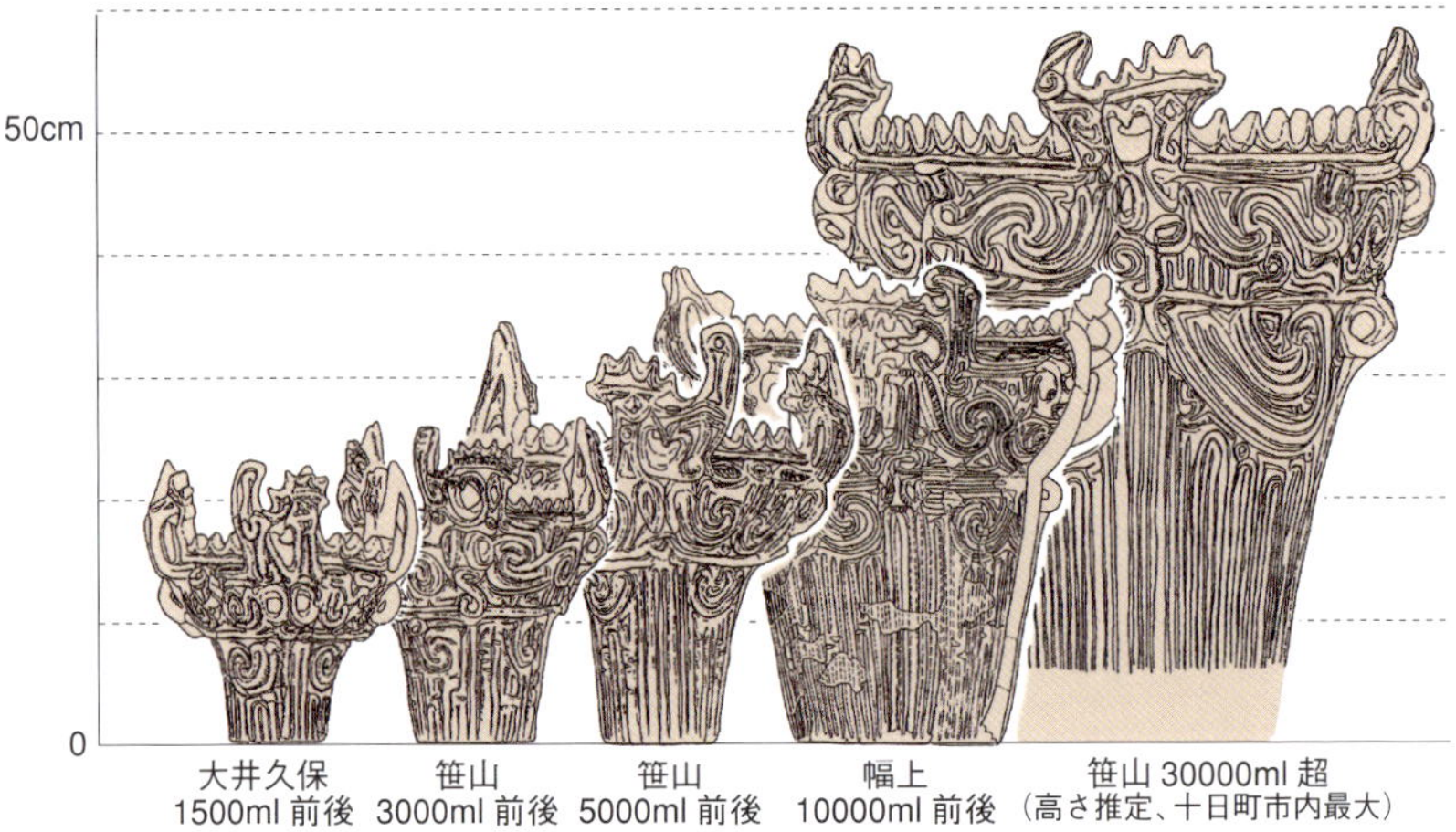

図29 ● 火焔型土器の高さと法量
火焔型土器は、高さ20～25cm、容量1.5～5ℓのものが多い。火焔型土器No.1は大形品に分類される。

図 30 • **道尻手遺跡出土の最大の火焔型土器**
左上の火焔型土器は高さ 61cm。右下の王冠型土器は高さ 52cm。その大きさに圧倒される。

火焔型土器の用途

火焔型土器の用途については、その特異な形態と立体的な文様、出土量の少なさなどから、当初より実用品ではなく祭祀用の器と考えられてきた。しかし、多くの火焔型土器には内面におこげや吹きこぼれによる炭化物の付着があり、実際に煮炊きに使用されたことはまちがいない。アク抜きのために木の実を煮る、貝や魚などの加熱および調理、木の実を貯える、漬ける、注ぐ、銘々に盛り分ける、酒をつくる……土器は用途に応じて形や大きさが決まっていたと考えられる。

出土状況をみると、これまでの発掘調査において、貯蔵穴などの土坑内や柱穴内からの出土例もある。一九九〇年に十日町市の幅上《はばがみ》遺跡の発掘調査に携わる機会があったが、大型の火焔型土器が壊されて、柱穴のなかから埋められたような状況で出土した（図31）。同遺跡では、大型の王冠型土器が押しつぶされたような状況で出土している。その後、同じく十日町市の野《の》首《くび》遺跡の調査がおこなわれ、火焔型土器や王冠型土器は数多く出土しているが、祭祀に使われたような特殊な状態を示す出土例はなかった。

出土した土器全体の量に占める火焔型・王冠型土器とその仲間の割合が三〇パーセントを超える遺跡（野首遺跡や幅上遺跡など）の存在が明らかになってきており、火焔型土器＝祭器という図式に疑問を投げかける研究者もいる。

国宝の火焔型土器№1は、倒立した状態で出土している。意図的に埋められていたかどうかはわからないが、胴の下部と底部を欠損していた。

「火焔型土器No.1は、胴部の下半部から底部が破損し、近くにこの破片の大半が散らばっているはずであった。だが、その見通しは大いに甘かった。土器の多くは、粘土紐を何段かに積み上げ（輪積み・巻き上げ）、接着しながら造られているので、逆にこの部分から破損することが多い。No.1は、鶏頭冠把手が付く口縁部から胴部の上半部までは完全に揃っていたので、その下の底部近くまでは難なく順調に接合、修復することができた。しかし、底部の円盤状部分とこれに接着させ積み上げられた粘土紐の第一段目がどうしたことか見つからない。特に第一段目は重要で、底の円盤よりもこの破片が一点でも無ければ、あの土器の高さは確定できないのである。これの発見には執念を燃やした。なんとしても完璧な姿を見たかったし、在りし日のままに復元してあげたかったからである。大量の土器片の中からしらみつぶしの大捜索が始まった」と回顧録にある。

図31 ● 幅上遺跡での火焔型土器の出土状態
大型の火焔型土器が壊されて、柱穴のなかから埋められたような状態で出土した。

周辺からみつかった一万点以上の破片のなかから、同一個体となる胴下半部および底部の破片をさがすのに予想以上に時間がかかり、現在の形に復元されるまでじつに四年の歳月を要している。復元作業は中澤幸男《ゆきお》さんが中心になっておこなわれたが、当時大学生であった私も破片さがしに協力した。同一個体かどうか見分けがつかずに苦労したことが懐かしい。幼いころより火焔土器をみて育った私が、一目で火焔型土器№1の虜となり、これほどまで深く笹山遺跡とつき合うことになるとは考えもしなかった。

以上のような出土例から私は、明確に祭祀に使用されたとはいえないものの、火焔型土器は日常的に使う土器ではなく、非日常的な、いわゆるハレの日に祭祀などで特別な目的で用いられた器と考えている。豊穣を祈願し高所につり下げ点火するような使われ方があったかもしれないし、天変地異を鎮めるための呪具だったのではないか、など想像はつきない。

火焔型土器をつくる

一九九二年七月四日、笹山遺跡出土品の重要文化財指定を記念して、小島俊彰《としあき》さん(当時、金沢美術工芸大学教授)による講演会が「道の駅　クロステン十日町」でおこなわれた。「縄文芸術にせまる―火焔土器を再現して―」と題し、実際に火焔型土器づくりをおこなった際の苦労話を中心に一時間半にわたり熱弁をふるわれた。

「形を作っただけではそれは土器ではないんで、当たり前のことですが、焼かなければなりません。その焼くのが面白いんですね。自分が作ったのを、いわゆる焚火の中に入れてドンドン火を燃やして焼き上げるわけですね。大体火の中で一時間でいい。（中略）大体の土器は写真を見ながら出来るんです。長野の土器でも勿論地元の北陸の土器でも作れます。ところが火焔土器は写真を見ながら作ろうとしたら途中で挫折しました。もう面倒くさくてこんなのやっていられないんです」という。

それが近年、X線を用いた最新機器で火焔型土器が分析され、粘土紐の集まりで構成されていることがわかってきている。複雑にみえる造形は、粘土紐の組み合わせと貼り付けた粘土紐を竹ヘラなどで彫り込んだ線刻で強調されているにすぎないという意見があり、火焔型土器を特徴づける鶏頭冠突起や鋸歯状口縁、その他の立体的造形は、粘土紐を組み合わせると驚くほど簡単につくることができるという。文様を組み立てる粘土紐の扱いのような土器づくりのテクニックは、みようみまねで習得できるものではなかったのかもしれない。文様の意味やその背景となる思想、哲学や世界観のようなものを共有できたかどうかが鍵となりそうである。

第3章　雪と信濃川が育んだ文化

1　火焔型土器のクニ

火焔型土器の分布

火焔型土器は東日本の二〇〇を超える遺跡でみつかり、そのほとんどが新潟県内に分布している。典型的な火焔型土器は新潟県内に分布が限られ、その中核をなすのは津南町・十日町市から長岡市にいたる信濃川上・中流域である。

信濃川上・中流域には縄文時代の拠点的な集落遺跡が数多くあり、この地域にはまさに「火焔型土器のクニ」とよぶにふさわしい一大文化圏が形成されていたと考えられる。

しかし、火焔型土器が新潟県以外でまったく発見されないわけではない。典型的な火焔型土器は新潟県下を離れると、富山県魚津市の大光寺《だいこうじ》遺跡や山形県遊佐《ゆざ》町の柴橙林《さいとうばやし》遺跡、秋田県能代市の上《うえ》ノ山《やま》遺跡など日本海側の各県に点在している。また、そこからさらに離れた福島県、

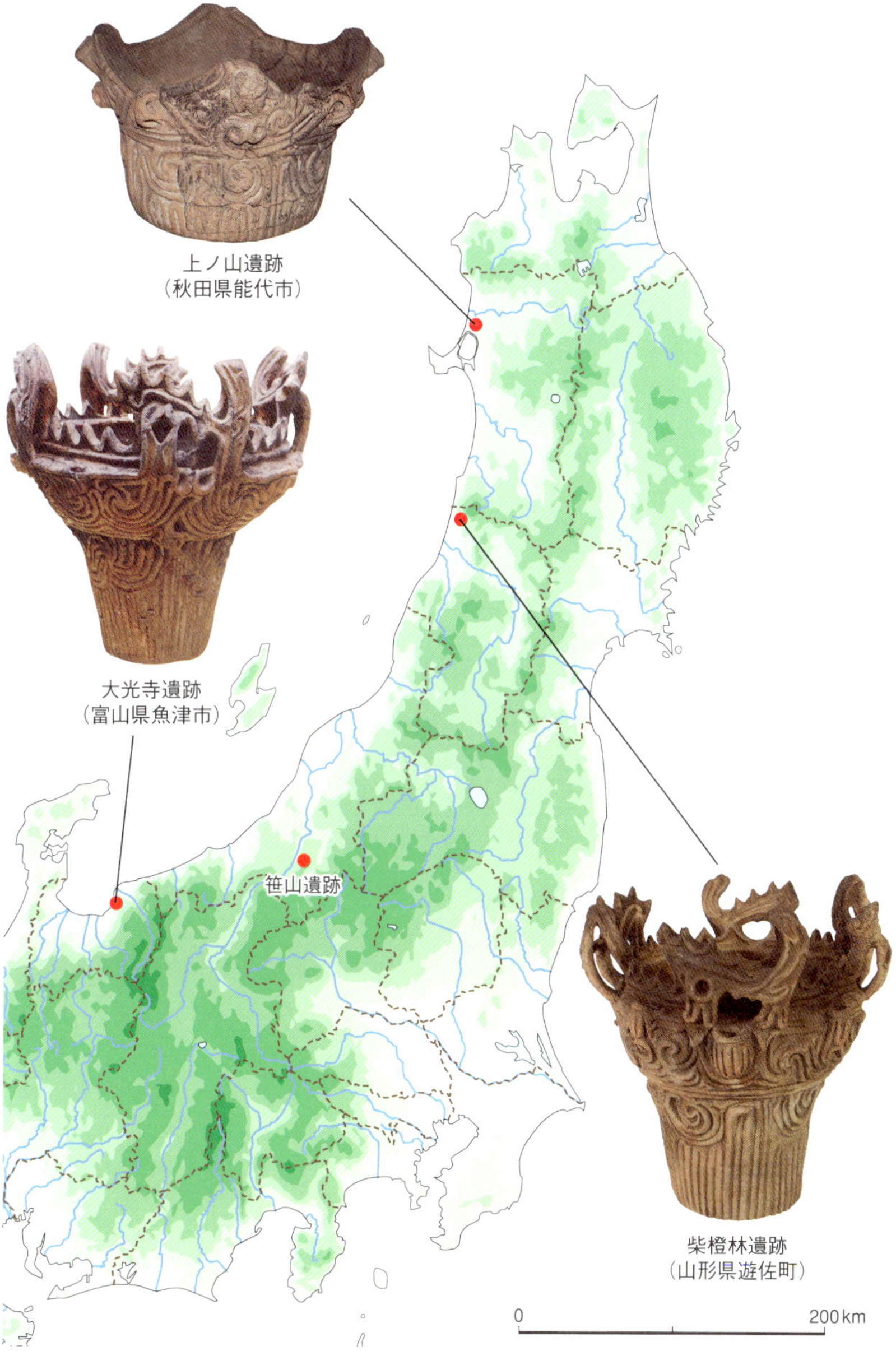

図32 ● 火焔型土器の広がり
典型的な火焔型土器は新潟県内に分布が限られるが、日本海側の各県に点在して発見されている。

茨城県、栃木県、群馬県、長野県などでは、変形した火焔型土器の一群が知られている。新潟県外の変形した火焔型土器は「火炎系土器」などとよばれ、地域間の交流を示す証拠とみなされている。

この火炎系土器は、鶏頭冠突起を模した突起があり、口頸部と胴部とに大きく分かれる上下二段の文様構成は共通することが多いものの、全面を隆線でおおうことは少なく、胴部に縄文文様を配するなどの違いがある。

信濃川流域のムラ

このように信濃川上・中流域は典型的な「火焔型土器のクニ」であり、今から五〇〇〇年ほど前の縄文時代中期中ごろ、とくに信濃川上流域には豊かな縄文文化が華開いていた。笹山遺跡をはじめ、信濃川右岸には寿久保《すくぼ》遺跡、野首遺跡、城倉《じょうぐら》遺跡、南雲《なぐも》遺跡、森上《もりがみ》遺跡、信濃川左岸には上ノ山開墾地遺跡、幅上遺跡、小坂遺跡などの大規模な集落跡があり、多数の火焔型土器や多種多様な石器類・土製品類・石製品類などが出土している。

これら大規模な集落跡が、信濃川に沿うように二〜三キロの間隔をおいて立地している様子は、まさに「火焔型土器のクニ」の景観そのものであり、ムラとムラの関係を考えるうえでとても興味深い。

それら多くの遺跡は信濃川によって形成された河岸段丘上にある。付近に湧水地や小川などの水場があり、日当たりがよくて湿気が少なく、さらに食料資源の豊かな後背地をもっている。

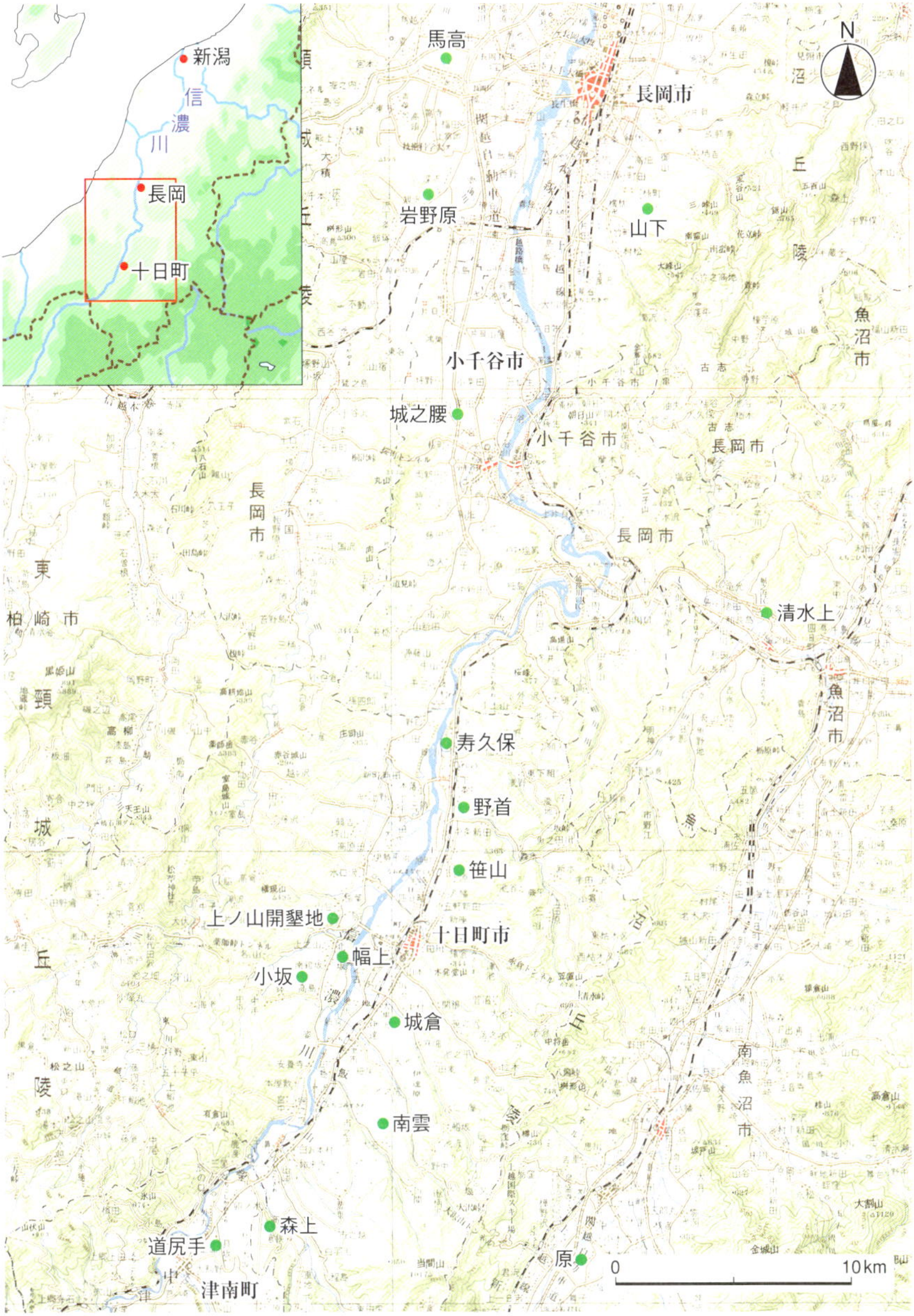

図33 • 信濃川流域の火焔型土器の広がり
大規模な集落跡が信濃川に沿うように2～3kmの間隔をおいて立地している。

しかし、その後背地で養うことのできる人口には限度があり、狭い範囲に大集落が密集することはなく、ある程度の距離をおいて分布している。後背地は川や山などの自然地形により画されているが、隣ムラとの境界は現在の行政区画のように明確ではなく、ムラとムラとの関係次第ではその一部を共有していたことも考えられる。

寿久保遺跡は、県

図34 ● 十日町市内で出土した火焔型土器群

営ほ場整備事業にともない、一九九七年に発掘調査がおこなわれた。縄文時代中～後期の集落が発見され、竪穴住居七軒、掘立柱建物八棟などがみつかっており、火焔型土器などのほか、ヒスイ製の大珠が出土している。

野首遺跡も、県営ほ場整備事業にともない、一九九六年に発掘調査がおこなわれた（図35）。縄文時代中～後期の集落が発見され、竪穴住居一二軒、掘立柱建物六棟などがみつかっており、火焔型土器が多数出土している。出現期から最盛期までのものがそろってみつかっており、個々の残存率も高く、大きさ・形ともバラエティに富んでいる。

城倉遺跡や南雲遺跡も採集された多量の遺物から大規模な集落と推定されるが、部分的な調査がおこなわれたのみで、集落の構造などはよくわかっていない。

森上遺跡もまた、ほ場整備事業にともない、一九七三年に発掘調査がおこなわれた。縄文時代中

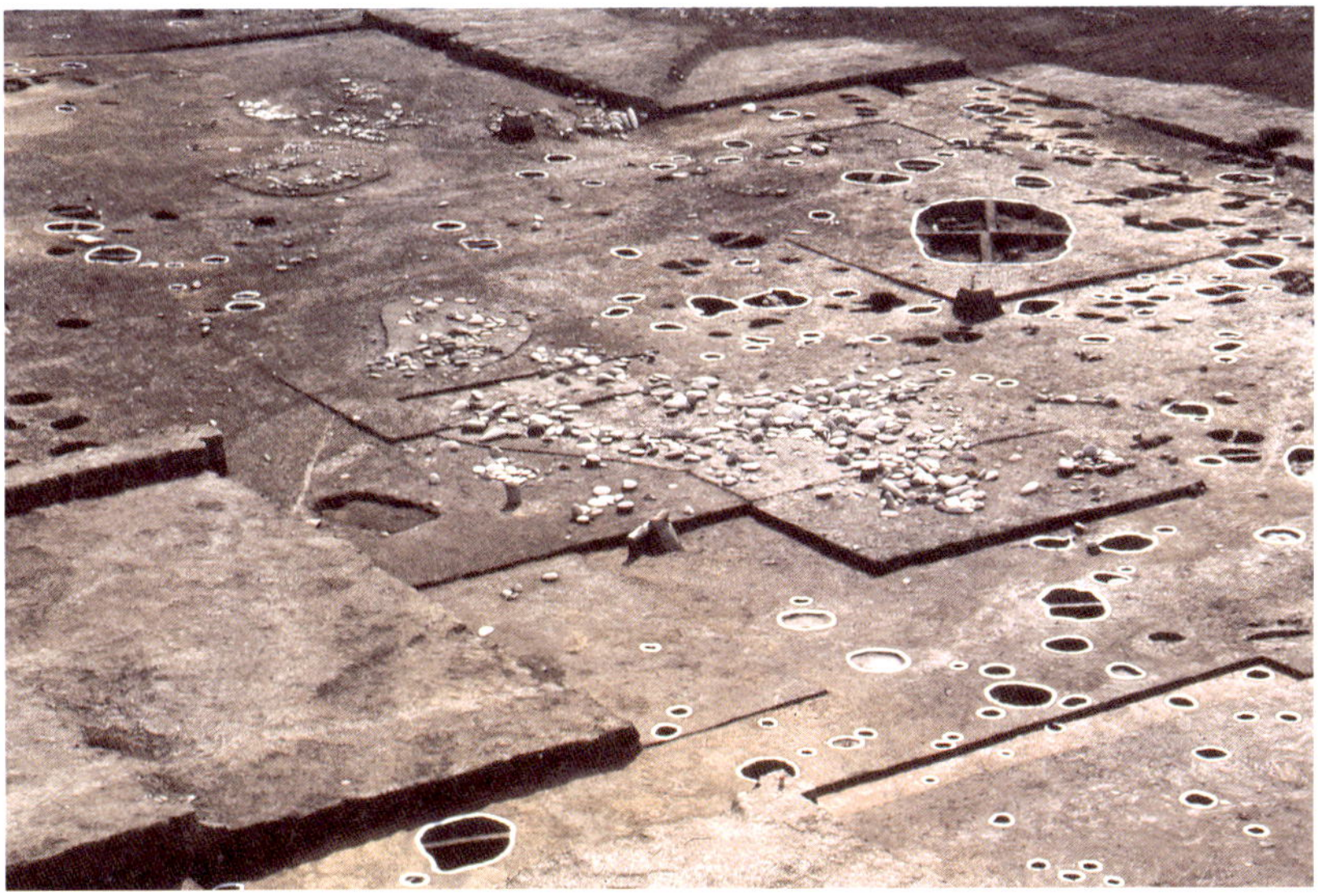

図35 ● 野首遺跡の遺構群
縄文時代中～後期の集落が発見され、竪穴住居や掘立柱建物などがみつかっており、火焔型土器が多数出土している。

期の集落が発見され、火焔型土器などが出土している。なお、確認調査で三〇軒の竪穴住居の存在が確認されたため、盛土保存の措置がとられた。

上ノ山開墾地遺跡は、クロスカントリースキーコース整備にともない、二〇〇五〜〇六年にかけて発掘調査がおこなわれた。縄文時代中〜後期の集落が発見され、竪穴住居六軒などがみつかっており、大型の火焔型土器や蛇紋岩製の大珠などが出土している。

幅上遺跡も県営ほ場整備事業にともない、一九九〇年に発掘調査がおこなわれた。縄文時代中期の集落が発見され、竪穴住居一一軒、掘立柱建物二八棟などがみつかっており、大型の火焔型土器などが出土している。

小坂遺跡は、一九五九年に学術発掘が実施されて、その後、鉄塔建設にともない、一九八二年に発掘調査がおこなわれた。竪穴住居一一軒などがみつかっており、火焔型土器などが出土している。

それぞれの遺跡から発掘調査によってみつかった火焔型土器は、大きさや形が異なっている。遺跡の規模、内容、存続期間にばらつきがあることから、どのような形で火焔型土器のクニを構成していたのか、今後詳細な分析が必要である。そのためには遺跡ごとの分析に早めにひと区切りをつけて、複数の遺跡のあいだで火焔型土器をはじめとする出土土器の文様、施文技術などに共通性がないか、あるいは石器類、土製品類、石製品類に類似性が認められないか、という観点で比較検討をおこなってみたいと考えている。近い将来、笹山ムラと野首ムラ、あるいは笹山ムラと幅上ムラの関係が明らかになる可能性がある。

2　雪と信濃川が育む

雪のなかから生まれる

信濃川流域は、八〇〇〇年前に大きな環境変化に見舞われている。日本海に対馬暖流が流れ込んだ影響で、雪が多く降るようになった。現在に続く世界有数の雪国は縄文時代に誕生したのである。

豪雪は縄文人の生活を阻む反面、四季のみずみずしい美しさを生み、人びとの感性や発想を豊かに育んだ。そして、この雪国から五〇〇〇年前に誕生したのが火焔型土器である。

新潟県を代表する郷土史家、佐野良吉さんは、十日町市文化財保護審議委員として笹山遺跡の調査にも深くかかわってこられた。一九九〇年に刊行された著書『妻有郷の歴史散歩』のなかで、火焔型土器についてつぎのように書いている。

「火焔型土器を生んだ中心地域が、日本でも有数の豪雪地帯と重なり合っているということは単なる偶然とは思えない。火焔型土器の燃えさかる炎のような造形を眺めていると、雪消えと共に一斉に萌え出すゼンマイやワラビ、コゴミなどの山菜の若芽の姿に一脈通ずるものがあるような気がしてならない。長い冬を雪に埋れてうっ屈していたエネルギーが爆発的に燃え出した結晶が火焔型土器の母胎であるならば、火焔型土器もまた雪の中から生まれた文化の一つであるといわなければならない」

火焔型土器の火焔を思わせる意匠は、文字どおり火焔と考えるほかに、流水（渦巻き）文説、太陽のコロナ説などがある。かつて降雪量と火焔型土器の分布について検討したことがあり、火焔型土器は多雪地帯のなかで生まれ、育まれた土器であると強く感じた。春を喜び、ワラビ、ゼンマイ、コゴミなどの生命力に感動してその姿を写したとすれば、雪深い地域に火焔型土器が出現した理由もうなずける。

火焔型土器No.1は、国宝指定後に愛称とマスコットキャラクターの募集がおこなわれ、「縄文雪炎《ゆきほむら》」という愛称でよばれている。

信濃川が育む

新潟県を南から北に流れる信濃川は、総延長三六七キロにおよぶ日本一の大河である。この信濃川流域（長岡市、小千谷市、十日町市、津南町）では、縄文時代草創期

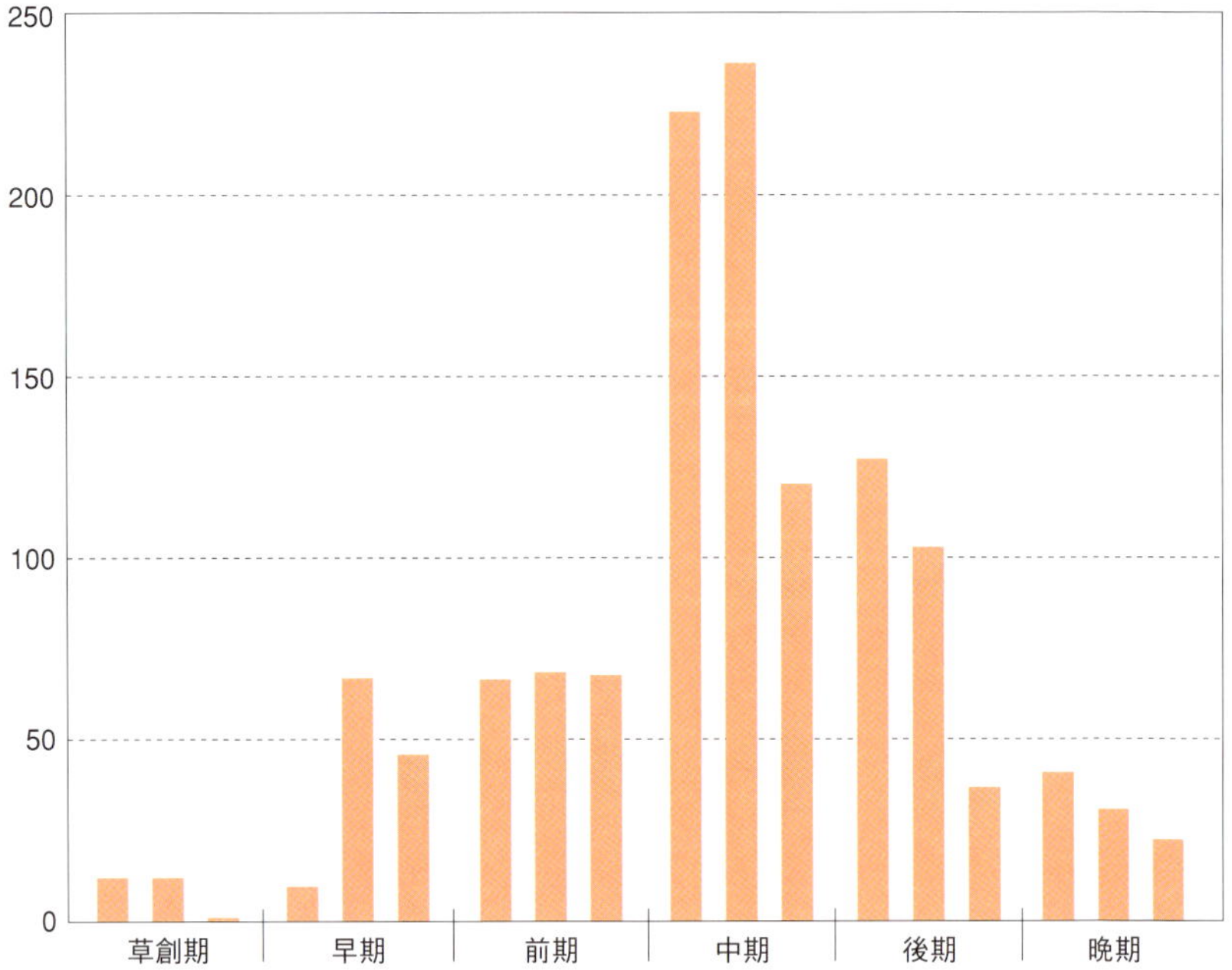

図36 ● 信濃川流域の縄文遺跡数の推移
中期になると爆発的に遺跡数が増えているが、中期の終わりごろから段階的に減少している。

は遺跡数がきわめて少なく、草創期の後葉には激減し、早期の前葉にもその状況がつづくが、早期の中葉から遺跡が急増し、前期後葉までほぼ安定的に遺跡数が推移する。

そして火焔型土器が生まれ展開する中期前葉〜中葉は、劇的に遺跡数が増加する。それ以降、中期後葉〜後期中葉、後期後葉〜晩期後葉へと段階的に遺跡数が激減する傾向がある。

この遺跡数の変動について、自然環境と社会的環境が複雑にかかわりあったことが原因と指摘する研究者もいる。今後、総合的な検討が必要である。

やや古いデータであるが、三五年ほど前に発表された研究成果によれば、縄文時代の全国の人口は早期二万人、前期一〇万人、中期二六万人、後期一六万人、晩期七万人と推定されている。その後の爆発的な発掘調査の進捗で、中期の人口は約三〇万人に修正されている。中期においては、人口の九六パーセントが東日本に集中し、人口密度は一平方キロあたり一・七人であったと試算されている。この計算でいくと信濃川上・中流域は、一平方キロあたり三人以上という過密地帯であったと思われる。

これは、狩猟採集民の社会としては相当高い比率であり、河岸段丘が発達し、ドングリやトチの実などをはじめとする森林資源や魚貝類が豊富であったことが、この人口を支えたのではないかといわれている。豊かな森と水に恵まれ、多種多様な動植物の宝庫となっていたことと関連している。

そこで次章では、笹山遺跡の出土遺物から、信濃川上流域の縄文人の生活をみていこう。

第4章　笹山縄文人の暮らし

1　生業を語る石器

狩猟の道具

縄文時代の道具のなかで土器とならんで出土点数が多いのが石器である。石器は基本的に、①食料を獲得するための狩猟・漁撈・採集に使用する労働生産用具、②獲得した食料を調理・加工してエネルギー源とする厨房用具、③労働生産用具や厨房用具をつくる工具に大別できる。また、一つの石器が二つ以上の機能をもつこともある。

笹山遺跡からは一万点を超える大量の石器が出土しているが、狩猟のための労働生産用具である石鏃が少なく、厨房用具・工具である打製石斧《だせいせきふ》、磨石《すりいし》・敲石《たたきいし》・凹石《くぼみいし》類がきわめて多いことが特徴にあげられる。

石鏃《せきぞく》は八二点、石槍《せきそう》は二〇点出土しているが（第一次〜第七次調査、以下同）、そのうちの石鏃二八点、石槍一三点が国宝に指定されている（図37）。

石鏃は矢の先端につける道具でこの時期の狩猟具の中心的なものである。とがった先端を中心に左右対称にしてあり、両脚が翼となって、矢に回転と直進力を与え、的中率を高めるように加工されている。

また、狩猟の道具としては弓矢が中心になっていくなかで、石槍がある程度出土しているのも笹山遺跡の特徴である。この傾向は周辺の遺跡でもみることができ、同時期に、小千谷市の城之腰《じょうのこし》遺跡（二四点）、魚沼市の清水上《しみずのうえ》遺跡（二一点）、津南町の堂《どう》平《だいら》遺跡（一三点）や道尻手遺跡（一〇点）などでもまとまって出土している。これは山間部の縄文時代の集落に共通する傾向であるのかもしれない。

漁撈や植物採集の道具

人間が食べて、消化できる植物の種類は限られている。熱帯、温帯では多様な植物相のなかに人間が

図37●笹山遺跡出土の石鏃（左）と石槍（右）
石鏃は弓の矢の先につけて、石槍は槍の先につけて、動物などの狩りに使われた道具である。大きさの違いに注意してほしい（右端：長さ16.0cm）。

食用にできるものが多くあり、植物食主体の生活が可能であるが、北に向かうにつれてそれは少なくなり、やがて皆無に近くなる。しかし、コケ類を食べてそれをタンパク質や脂肪に変えるトナカイなどを狩り、海においてはプランクトンを食べる魚、魚を食べる海獣などを漁ることにより、人は極北の地域でも生存することができた。寒冷な地域ほど漁撈の比重が大きく、温暖な地域ほど採集の比重が大きいといわれている。

縄文時代の漁業としては、①貝類や海藻の採取、②網漁、③釣漁、④刺突漁などがあったと考えられ、漁撈の道具の形態や分布には地域的な特徴が認められる。笹山遺跡からは石錘《せきすい》二点、浮子《うき》三点などの漁撈の道具がみつかっており、そのうちの石錘一点、浮子一点が国宝に指定されている（図38）。石錘は漁撈の網の錘《おもり》などに使われたと考えられる。

サケもマスも川で生まれ、海に出て育ち、三〜四年後には成魚になって生まれた川へ戻って産卵する

図38●笹山遺跡出土の石錘（左）**と軽石製浮子**（右）
石錘は重り石である。紐をかけたような凹みがある。浮子は魚などをとるのに使われたのであろう（右側：長さ約11.0cm）。

習性がある。笹山遺跡の場合、立地や川との距離、遺物などをみると、漁撈より狩猟・採集のほうが比重が大きかったと推定されるが、サケは秋から冬に、マスは春から秋にのぼるので、信濃川を遡上するサケやマスも笹山縄文人の重要な食料資源であったに違いない。

一方、打製石斧は九五二点もみつかっており、笹山遺跡出土石器の一割弱を占め、そのうちの三八四点が国宝に指定されている（図39）。打製石斧は、木の伐採用の斧ではなく、地下茎や球根などを掘る土掘り具の先端に装着されていたと推定される石器である。

厨房の道具

厨房用具では、磨石・敲石・凹石類八二三点、石皿《いしざら》七三点、石匙《せっぴ》三点などがみつかっている。そのうちの磨石・敲石・凹石類二六八点、石皿二七点、石匙二点が国宝に指定されている（図40・41）。磨石・

図39 ● 笹山遺跡出土の打製石斧（左）と磨製石斧（右）
打製石斧は土を掘る道具であり、磨製石斧は木を切ったり、削ったりする道具である（右端：長さ約19.5cm）。

敲石・凹石類にくらべて石皿の点数が少ない。石匙は、紐をつける突起と刃部をもち、ナイフのように使用したと思われる。

食料を生のまま口にすることもあったであろうが、多くの場合は人間が消化できるように加熱処理していたであろう。堅果類を例にとれば、ドングリは煮沸、水さらしでアクが抜けるが、トチは非水溶性のサポニンを含むので、灰汁《あく》などで中和しながらアク抜きをしたと考えられる。石皿は、臼に相当する粉砕具であり、磨石とセットで用いられたのであろう。

火焔型土器には煮炊きをした痕跡であるおこげが付着しているケースが多いことはすでに述べたが、何をどのように煮炊きしたかは今のところはっきりしない。おこげの同位体分析事例によれば、堅果類などのデンプン質食材やサケ・マスなどの動物性食材などを組み合わせていた可能性がある。

稲作以前の縄文時代中期において、木の実などの植物質食料は縄文人の重要な食料であり、その調

図40 ● 笹山遺跡出土の石皿と磨石類
石皿は調理のための台石であり、磨石は木の実などを磨りつぶすのに使われた道具である（右端の石皿：長さ29.1cm）。

理・加工という一連の工程を想定すると、土器を用いる煮沸前後に出番となる石皿や磨石は、火焔型土器の用途を考えるうえで重要な遺物である。

工具類

工具類は、磨製《ませい》石斧一四五点、石錐《せきすい》九点、三脚《さんきゃく》石器六点、板状《ばんじょう》石器八点、砥石《といし》八点などがみつかっている。そのうちの磨製石斧二五点、石錐四点、三脚石器六点、板状石器三点、砥石六点が国宝に指定されている（図39・41〜43）。

三脚石器、板状石器は、いずれも用途はよくわかっていないが、この地域に特徴的にみられる石器である（図43）。

以上、笹山遺跡からは、伐採用の斧としてだけでなく、手斧やノミとして使われた磨製石斧、皮に穴をあける石錐、木・石・角などを加工する砥石など、縄文人の工具類の一式がそろっているといえる。

図41 ● 笹山遺跡出土の石匙（左）と石錐（中央）、剥片石器（右）
石匙は小型のナイフとして、石錐は孔をあけるために使われた道具である。
いずれも剥片石器を素材にして加工された（右端：長さ7.3cm）。

図42 ● **笹山遺跡出土の砥石**（左）**と石棒**（右）
砥石は硬いものを砥ぐために使われた。石棒は男性器を模した祭祀の道具である（右端：長さ36.6㎝）。

図43 ● **笹山遺跡出土の三脚石器**（左）**と板状石器**（右）
三脚石器は細かな剥離によって三脚のように加工している。板状石器は板状に加工している（右下：長さ約9.7㎝）。

2　生活を彩る道具

祭祀の道具

笹山遺跡からは、労働や調理、あるいは加工のための道具だけでなく、祭祀にかかわると考えられる道具も出土している。

土製品では、土偶が一五点、三角形土偶が五九点、三角柱のような形に文様をきざんだ土製三角壔《さんかくとう》が七点、小形の丸い形をした土製円盤が四点などがみつかっている。そのうちの土偶五点と三角形土偶二九点、土製三角壔三点、土製円盤三点が国宝に指定されている（図44・45）。

笹山遺跡から出土した土偶はいずれも欠損品であるが、乳房やふくらんだ下腹部など女性を表現したものが多い。

三角形土偶とは、全体の形がほとんど三角形になった土偶であるが、土偶と共通する乳

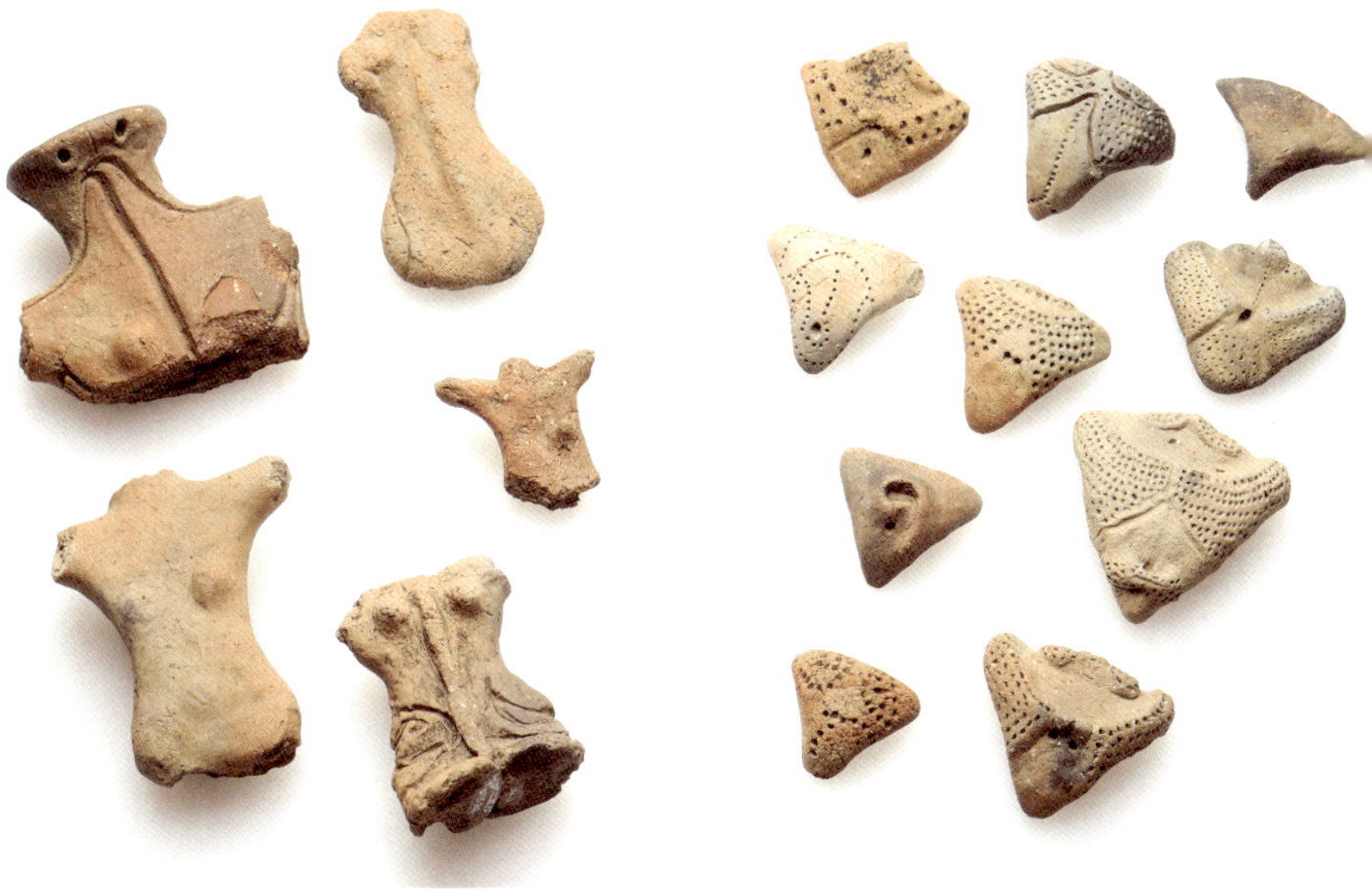

図44 ● 笹山遺跡出土の土偶（左）と三角形土偶（右）
土偶は乳房の表現が特徴的である。三角形土偶には細かな刺突文の施されているものが多い（右下：長さ約4.3cm）。

房の表現や女性器表現と思われる孔がうがたれているのが特徴である。一部には男性器と推測される垂れ下がる凸部表現も含まれる。

土製三角壔の長軸方向に貫通する孔が開けられているが、その用途はよくわかっていない。

一方、石製品でも、祭祀のための道具と思われる石棒《せきぼう》が七点、石製三角壔が二点みつかっている。そのうちの石棒七点（**図42**）、石製三角壔一点（**図46**）が国宝に指定されている。

石棒には研磨成形などの加工を施してある。ススが付着していたり熱を受けて表面が赤くなっているものがある。なんらかの祭祀に使用したのであろうか。石製三角壔は、表面を研磨成形しており、一部に剝離・敲打痕《こうだこん》が残っていることから、剝離・敲打成形した後に仕上げとして研磨成形したものと思われる。石材は安山岩である。

こうした祈りや祀りといった精神文化にかかわる部分は、なぜそのような形をしているのか、どのよ

図45 ● 笹山遺跡出土の土製円盤（左）**と土製三角壔**（右）
土製円盤は土器片などを円盤状に加工したものである（左下：径約5.6cm）。
土製三角壔は紐を通すための孔があけられている（右下：長さ約6.0cm）。

うに使用したのかなど不明確な部分が多い。縄文時代のような狩猟採集の生活では、人の能力を超えた神秘の力を借りて豊かな収穫を確保し、禍をもたらす悪霊を退治するため、いろいろな道具をつくったのであろう。笹山ムラにも祀りを司る人がいたのかもしれない。

身体を飾る道具

装飾品では、土製耳飾が二三点（このうち二〇点が国宝）と、首飾（ペンダント）である石製垂飾《すいしょく》が三点（**図47**）、なんらかの装飾品と思われる穿孔《せんこう》石製品が二点（いずれも国宝、**図46**）が出土している。石製垂飾は三点のうち二点がヒスイ製で、残り一点は軽石製である。

穿孔石製品のうち一点は、礫を素材とし、敲打によって雪ダルマ形に成形し、孔をあけている。石材は安山岩である。もう一点は板状で、両面を研磨している。三つの穿孔痕があるが、貫通している孔は

図46 ● 笹山遺跡出土の穿孔石製品（左・中央）**と石製三角壔**（右）
石製三角壔は三角柱のような形に加工されている。穿孔石製品とともに用途はよくわかっていない（右端：長さ約6.8㎝）。

一つだけである。側面には、研磨後に擦り切られた痕跡が残る。石材は滑石である。

縄文人のオシャレのようすを図にしてみた（図48）。クマやイノシシなどの毛皮を加工した服が一般的であったと思われるが、ほかに植物の繊維を編んだ布があったことが明らかになってきている。カラムシ、アカソなどの麻植物の繊維を素材にして、俵やスダレを編むような工具で編んだと推定されている。

土偶の多くは女性を表現したものであり、縄文人の顔つき、髪型、体形、服装などのようすを土偶からある程度推定することができる。土製耳飾には、滑車形、臼形、盃形、筒形、糸巻き状などさまざまなタイプがある（図47）。

以上のなかで、三角形土偶、土製三角壔、滑車形耳飾は、信濃川中上流の火焔型土器文化圏の遺跡からよく出土するもので、この地域の縄文文化を構成する重要な要素となっている。

図47 • 笹山遺跡出土の土製耳飾（左）**と石製垂飾**（右）
土製耳飾はさまざまな形のものがある（左下：長さ約3.0cm）。石製垂飾は紐を通すための孔があけられている（右下：長さ約4.8cm）。

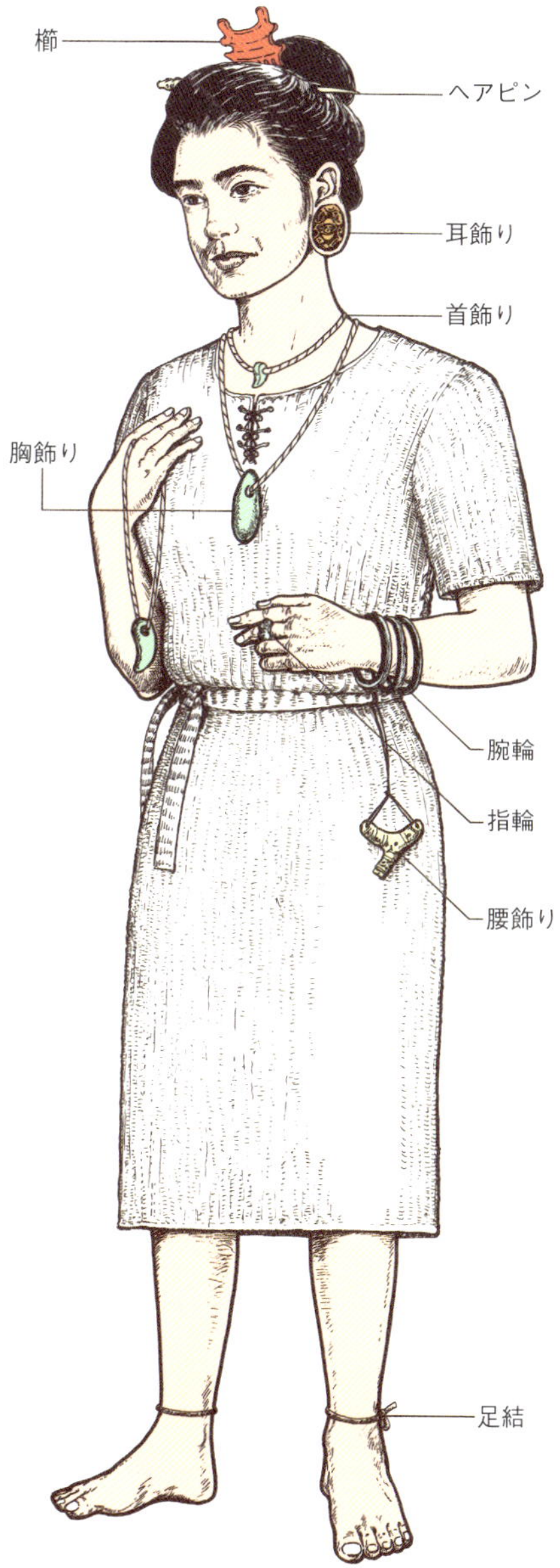

図48 ● 縄文人の衣服とアクセサリー想定図
縄文人は袖のある服を着ていた。さまざまなアクセサリーで身を飾っていたのかもしれない。

人びとの交流

縄文時代の社会において、人びとの生活に必要なモノがどのように動いたかということは重要な問題である。笹山遺跡では、前記のとおり、土器からみて北陸地方、東北地方、関東地方などとの広域な地域間交流がおこなわれていたことがうかがえる。

その地域間交流を背景に、ヒスイ製の装身具、蛇紋岩製の磨製石斧、黒曜石などの良質な石器石材、接着剤として利用した天然アスファルトなどが運び込まれていると推定される。三角形土偶の広域的な分布などもそれを裏づけるものかもしれない。

このほかに良質の粘土、混和材、食料なども交易の対象であったと考えられ、頻繁にモノとヒトが行き交うような、川筋あるいは山沿いの道が存在した可能性がある。笹山遺跡から縄文時代の道を示すような具体的な痕跡は認められないが、私はかなり古い時代から物々交換などにより、モノをリレー方式で運ぶような交易があったのではないかと考えている。生命の危険をいとわず、野山を越え、草木をかきわけて、原材料を採取にいった当時の人びとの勇気や技術力の高さに驚かされる。

3　笹山縄文人の四季

縄文カレンダー

雪国は、雪の降らない地域にくらべて、四季の変化がはっきりしている。木の芽や山菜類は春から夏に、木の実集めやキノコは秋にといった具合に、採集には狩猟よりさらに季節的な計画性が求められる。魚や貝類は一年中採れるが、サケ、マス、アユなどには季節性がある。とくにサケ、マスは大型で骨も食べられ、当時から大切な食料だったことだろう。

このように地域の自然環境に応じて、さまざまな種類の動植物を食料として利用するため、季節によって狩猟・漁撈・採集の対象物を決めた、いわゆる「縄文人の生活カレンダー」（図49）があったのではないかと考えられている。

また、飢えを防ぐために多くとれたときには穴に貯めておいたり、アクの強い食べものはアク抜きをするなど、さまざまな工夫をして食生活をおくっていたのではないかと考えられる。

採集は、場所を知っていれば、女性や子どもでも量を確保できる利点があるが、冬期間や不作に備えて倉庫や貯蔵穴に貯めておくような、いろいろな知恵や工夫がおこなわれたと思われる。

何を食べていたか

縄文人が、狩猟、漁撈、採集という主に三つの方法で食料を手に入れていたことは、すでに述べたとおりである。利用した食料資源は、五〇〇種をはるかに超えており、カロリーの約三分の二を植物質の食料から得ていたというデータもある（図50）。また、縄文人が自然の産物を薬、染料、消毒、香辛料などとして使うことについて、深い知識と経験を蓄積していたり、野性のものを利用しやすいように手を加え「人工化」をはかったと

図49 ● 縄文人の生活カレンダー
縄文人は自然と共生して暮らしていた。四季の移り変わりには現代人よりかなり敏感だったことだろう。

いう説もある。

しかし、それによって縄文人の食生活が豊かで、グルメだったと考えるのは早計であろう。厳しい自然や飢えと闘いながら、何とかトチやドングリのアクを抜いて食べられるようにしているし、動物は肉を食べるばかりでなく骨までしゃぶっていたようだ。そこには食料の確保から貯蔵、保存に苦労した彼らの姿が投影されているといえる。燻製、果実酒などもそうした工夫のなかから生まれてきたものではないだろうか。

笹山縄文人の暮らしぶり

長い縄文時代のなかで、前期後半から中期は、縄文文化の特色が出そろう成熟期である。遺跡の数は著しく増加し、住居、建物など多くの施設が円形あるいは半円形に広がる、大規模なムラを営むようになる。儀礼や祀り、祈りなどの信仰にかかわることも盛んにおこなわれたようである。

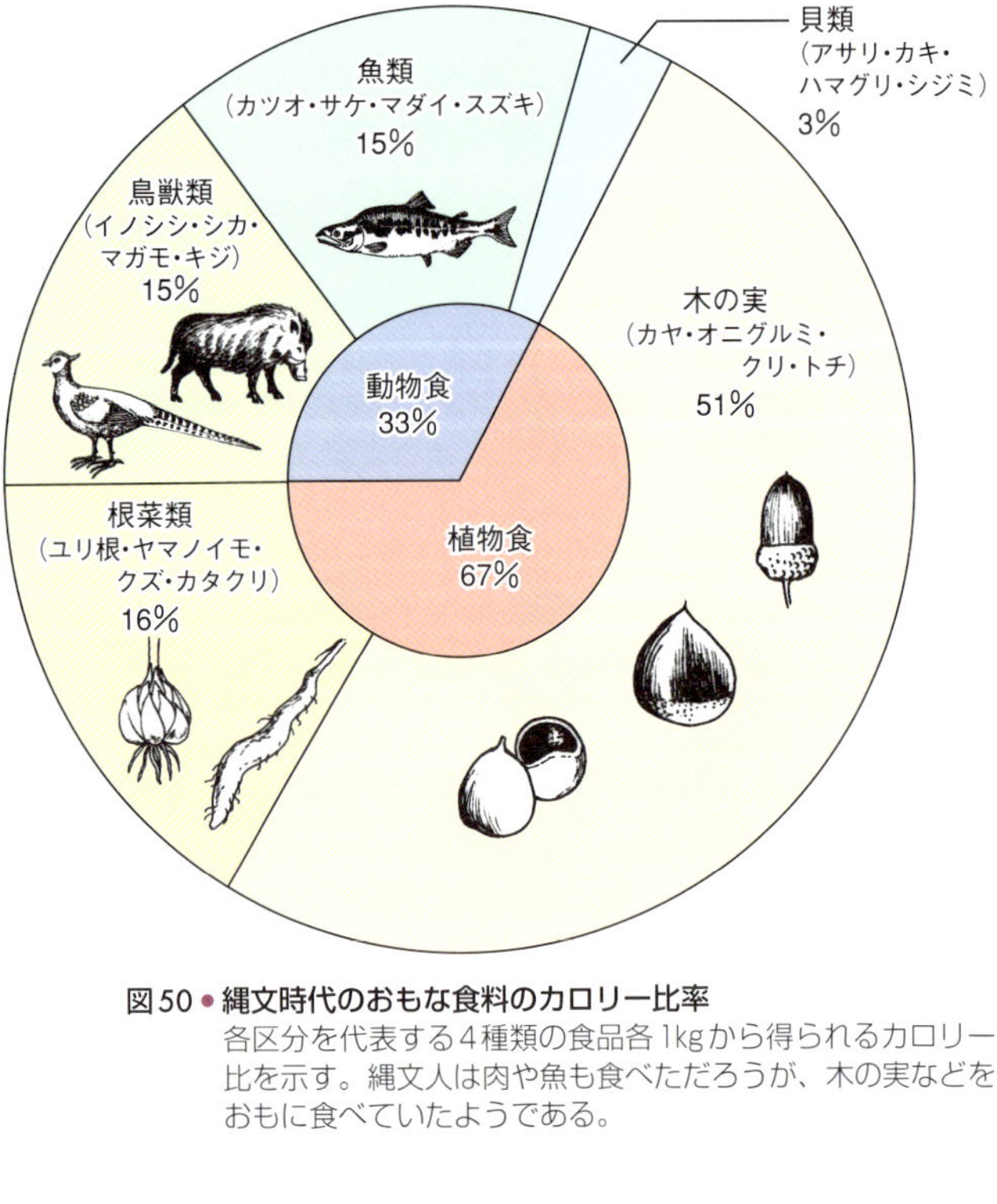

図50 ● 縄文時代のおもな食料のカロリー比率
各区分を代表する4種類の食品各1kgから得られるカロリー比を示す。縄文人は肉や魚も食べただろうが、木の実などをおもに食べていたようである。

図 51 ● **笹山縄文ムラの人びとの暮らし**
発掘調査などでわかったことをもとに、縄文時代の暮らしの様子を再現した十日町市博物館の展示。上段は竪穴住居内の暮らし、中段は秋、下段は冬の屋外活動の様子。

定住生活成立の背景には、トチ、ドングリなどの堅果類のアク抜き技術が確立し、狩猟、漁撈より植物採集の依存度が高まったことがあるのではないかと考えられている。近年の発掘調査成果によると、クリやクルミの管理栽培にとどまらず、ヒエ、マメ類、ヒョウタン、エゴマ、シソ、アサなどを栽培し、イノシシを飼養することが始まっていたことも明らかになってきている。

土器でモノを煮沸することによって、これまで食べられなかったもの、とくに植物質の可食物が増えたといわれている。食料の長期保存ができるようになり、食料事情の安定が定住生活を可能にしたのであろう。そして、離乳食や流動食および栄養バランスなどの整備にともない、乳幼児や老人の死亡率が減少したとする意見もある。

4 火焔型土器にみる縄文人のエネルギー

笹山遺跡からは、火焔型土器が三〇個体以上発見されている。大きさも形もバラエティーに富んでいる。一遺跡から平均三〜四個体が一般的な出土状況であり、笹山遺跡の出土数はこれまで全国最多であった（近年、同じ十日町市の野首遺跡に抜かれて二番目となった）。

火焔型土器が多数出土していることは、笹山遺跡に火焔型土器づくりの専業集団がいた可能性もあるし、完成品を流通させる拠点が存在したと考えることもできる。火焔型土器は用途に合わせて大・中・小につくり分けられているという指摘もあり、今後は型式学的な研究のみならず、土器の生産から交易、分配、消費という視点で検討しなければならないだろう。そこに、胎土分析など理化学的な手法も積極的にとり入れていく必要がある。

人類四〇〇万年の歴史を二四時間にたとえると、縄文時代はほんの三～四分間のことに過ぎない。しかし、衣食住をはじめ生業・精神・社会にいたるまで、あらゆる面で飛躍的発展をとげ、日本人の生活や文化の基礎はこの時代に形成されたといっても過言ではない。

火焔型土器は、十日町市をはじめとする信濃川上・中流域で数多く発見されている。この地域が全国有数の豪雪地帯であることから、雪、そして川によって生みだされた土器である。土器の形や文様はつくられた時期、地域、社会などの流行を反映し、器面に描出された文様には種々の意味がある。ヒト、動植物、自然現象、天体といった可視的な対象物のみならず、脈々と流れる縄文人の思想、哲学、世界観、縄文神話などが表現されているのではないか、と私は考えている。

水と森は縄文人にとっても、現代人にとっても重要な生命の源である。この豊かな自然を長く後世に大切に守り伝えていきたいと願っている。また、火焔型土器をはじめとする縄文時代の遺物や遺跡などが貴重な文化遺産であることはいうまでもないが、保存するばかりでなく有効に活用される時がきていると思う。縄文を体感し、縄文に学び、縄文を識る、そんな空間や施設が一日も早く実現できないか、と日々模索している。

第5章　笹山遺跡の今

1　地震を乗り越えて

二〇〇四年一〇月二三日夕刻、新潟県中越地域を強い地震が襲った。十日町市博物館では国宝・笹山遺跡出土品などに甚大な被害があった。国宝の深鉢形土器・浅鉢形土器六二点のうち、東京で保存修理中の四点を除く二一点は幸いにも破損がなかったが、火焔型土器No.1を含む三七点に緊急修理の必要な破損が生じた。

バラバラに壊れた土器群を目の当たりにしたとき、発掘調査時に現場作業で汗を流していただいた大勢の人の顔が浮かんできて涙が止まらなかった。新聞報道によれば、長岡市立科学博物館収蔵の重要文化財・馬高遺跡出土品などにも大きな被害があったという。辛く苦しい思いをしているのは自分たちだけではないと感じた。

中越地震では、国宝のほかにも整理室や収蔵庫に保管していた土器類がかなり被害を受けた。

免震台やテグスが横揺れの地震に有効であることは指摘されていたが、下から突き上げるような直下型の地震の場合にはあまり効果がなく、かえって土器のなかに砂袋を入れておいたり、棚に何段か紐を張っておくほうが転落防止にはある程度有効であることも明らかになった。

被災後、全国各地から数多くのお見舞いをいただいた。厚く御礼申し上げたい。

中越地震発生以降、国宝の展示はレプリカで対応したが、被災した土器三七点のうち、火焔型土器№1を含む一〇点の修理が二〇〇五年九月中旬までに終了し、一〇月より考古展示室特設コーナーで実物展示を再開した。

再開にあたっては、資料保存と安全対策などの理由から土器六二点をそれぞれ二〇点前後の三グループに分け、三カ月サイクルで各グループを入れ替えて展示することにした。展示しない土器は収納箱に入れて収蔵庫に保管し、実物の展示期間を年間でおよそ四カ月に制限した。また、すべての土器を専用の台座にのせて、なかに砂袋を入れ、免震台展示ではさらにテグスで移動面に緊縛《きんばく》するなどの耐震対策を施すことにした。こうした対策は、二〇〇七年七月の中越沖地震、二〇一一年三月の東日本大震災や長野北部地震で、その効果が証明された。

図52 ● 新潟県中越地震の被災（十日町市博物館の展示室）
2004年10月の新潟県中越地震では、展示中の国宝にも大きな被害があった。手前で倒れている土器は火焔型土器No.1。

なお、国宝を国民共有の財産として後世まで末永く保存・活用するため、二〇〇二年度より国や県から補助金の交付を受けて、指定品の土器の修理事業を実施し、中越地震をはさみ二〇〇九年度で終了し、六二点すべての土器の保存修理が完了している。

2 学術調査の取り組み

火焔の都整備事業基本計画

十日町市では、二一世紀に入ってから「国宝館・火焔の都計画」にもとづいて、国宝ならびに出土地の保存と活用に努めてきた。具体的には、地元の中条地区振興会との協議・協働により、二〇〇二年九月に「国宝館・火焔の都整備事業基本計画」を策定し、基本理念として、現存している縄文時代以来の歴史的景観を保全し、さらに長期計画で段階的に縄文植生を育成し、自然生態系との調和をはかることにした。

この基本理念をふまえて、計画地の保存・整備・活用の基本方針は、（1）国宝出土地である笹山遺跡の保存と既存スポーツ施設との調和ある整備、（2）各種調査成果にもとづき、遺跡の特性を活かした環境整備と施設整備、（3）学校教育、社会教育と連携した複合的な学習体験施設の整備の三点に集約される。

そして「火焔の都」風致保護地区の全体面積約一五〇ヘクタールのうち、第一期計画では、史跡指定地を中心とした約一〇ヘクタールについて、エントランスゾーン、縄文村ゾーン、縄文体験広場ゾーン、国宝館ゾーン、縄文の水辺ゾーン、縄文の森ゾーンの六つのゾーンによって構成される整備計画が立てられた。各ゾーンの整備方針はアウトラインが固まったのみで、細部については実施設計にむけ、さらに十分な検討が必要である。

第一期計画は少しずつ進展してきているが、年一回、笹山遺跡で開催される地元住民による手作りイベント「笹山じょうもん市」への特別講師招聘や「笹山縄文カレッジ」「ささやまラボ」などの事業が進行中である。笹山縄文に関するNPOやサークルなどの活動も年々活発におこなわれるようになってきている。より広い地域における市民活動に発展していくよう期待したい。

計画づくりから整備、そして管理・運営にいたるまで、住民と行政が役割分担を明確化し、密接に協働・連携しながら、目標実現にむけ一歩ずつ前進していけたらと願っている。

図53 • 第10次調査区（2013年）
石組炉のある竪穴住居跡がみえる。2011年より2013年までの3年間の学術調査で、笹山縄文ムラの様子が少しずつわかってきた。

学術調査にむけて

こうした保存と活用にむけて、また笹山遺跡のさらなる学術的解明のために、再発掘を望む声は高まっていった。しかしその一方で、国の埋蔵文化財発掘調査体制などの整備拡充に関する調査研究委員会から二〇〇四年に、「発掘調査は遺跡の理解のために必要なものとはいえ、それによって結果的に遺跡全体の解体・破壊をもたらすという一面がある」として、「保存・活用のための発掘調査に求められる最も重要な基本原則は、遺跡を可能な限り将来に残して保存することを前提とした上で、発掘調査する必要性に関して明確な目的意識をもって臨み、その時点でとりうる最上の体制と手法によって、十分な計画と準備を整えて行うことである。現代人の趣味、関心のみで安易に発掘を進めることは慎まなければならない」という重い提言があった。

市教育委員会も、①すでに史跡に指定されて法的な保護を受けている遺跡であり、発掘調査自体が重大な現状変更にあたる、②今後おこなわれる調査は、遺跡の整備・活用などのために必要な情報を得るための調査でなければならない、③調査をおこなうためには、クリアしなければならない多くの課題があることなどの理由から、笹山遺跡の再発掘について慎重な姿勢をとってきた。

それでも火焔の都整備関連事業として「火焔型土器期の集落景観の復元」をテーマに遺跡の実態をより明らかにし、整備・活用に必要な情報を得るためには、発掘調査は実施しなければならない。調査研究委員会の提言の趣旨にそって、学識経験者や市民代表からなる保存整備検討委員会を組織し、学術目的の発掘調査をおこなうことになったのである。

学術調査の成果

調査は二〇一一年～一三年度に実施された。遺跡の西端部にあたる約八〇〇平方メートルである。調査の結果、竪穴住居跡六基などの遺構が発見され、整理用コンテナで二五〇箱分の遺物が出土した。住居跡においては、「凹み遺構」などほかに類例のない遺構が確認されている。また遺物では初期型の火焔型土器の発見、炉跡からのトチの実、アズキほかの種実の発見などが成果としてあげられる。水洗選別などの手法で炭化物を回収・分析したことやベンガラ塊の分析や黒曜石の原産地分析なども、学術調査ならではの成果といえる。一方で、竪穴住居跡の形や集落内における配置、時期的な変遷などについて、まだまだ不明な点が多い。さらに、居住域だけでなく、広場や墓域、廃棄場、水場など集落内の場の利用のあり方を把握していくことも、今後の課題である。今回の学術調査で得られた諸情報をもとに研究が進み、笹山遺跡の具体像がより明らかになっていくことが期待される。

図54●ベンガラ塊
細かく砕いて水で溶いて色付けに使ったのではないかと考えられている。

3　火焔の都をめざして

信濃川火焔街道連携協議会

火焔型土器を生み出した信濃川流域の自治体、新潟市・三条市・長岡市・十日町市・津南町では、「縄文」をキーワードに交流・連携をはかり、地域振興や広域観光を推進するために「信濃川火焔街道連携協議会」を設立している。二〇一七年四月からは、魚沼市も加入し、よりパワーアップした。

協議会では、縄文サミット、縄文めぐりツアー、縄文シンポジウムなどのイベントのほか、地域間交流助成事業、情報発信事業などの活動をおこなっている。また、二〇〇九年度から、「縄文」を「楽」しく学ぶ「縄文楽検定」を実施している。

また、二〇二〇年の東京オリンピック・パラリンピックにむけて、二〇一四年七月一〇日開催の第一三回縄文サミットにおいてアピール宣言文が採択された。協議会内にワーキンググループを組織して、①東京オリンピック・パラリンピックを契機に、日本文化の源流である縄文文化を世界に発信しよう、②縄文文化を表象する火焔型土器のデザインを東京オリンピック・パラリンピック聖火台に採用してもらおう、という活動を展開中である。

「なんだ、コレは!」信濃川流域の火焔型土器と雪国の文化

文化庁は二〇一五年より、「日本遺産」の認定をおこなっている。これは「地域の歴史的魅

力や特色を通じて我が国の文化・伝統を語るストーリーを「日本遺産（Japan Heritage）」として認定し、ストーリーを語る上で不可欠な魅力ある有形・無形の様々な文化財群を総合的に活用する取組を支援」しようとするもので、世界遺産が保護を主目的とするのに対して、地域に点在する文化財の把握をストーリーづけて包括的にとらえ、それを積極的に外に発信してゆくことで、地域活性化を支援しようとするものである。

　信濃川火焔街道連携協議会に加盟する新潟市・三条市・長岡市・十日町市・津南町の五市町は、火焔型土器や遺跡、自然豊かな景勝地などを中心に『「なんだ、コレは！」信濃川流域の火焔型土器と雪国の文化』として日本遺産に申請し、二〇一六年に認定された。

　『「なんだ、コレは！」信濃川流域の火焔型土器と雪国の文化』のストーリーの概要は、つぎのとおりである。

「日本一の大河・信濃川の流域は、八〇〇〇年前に気候が変わり、世界有数の雪国となった。この雪国から五〇〇〇年前に誕生した「火焔型土器」は大仰《おおぎょう》な四つの突起があり、縄文時代を代表するものである。火焔型土器の芸術性を発見した岡本太郎は、この土器を見て「なんだ、コレは！」と叫んだという。火焔型土器を作った人々のムラは信濃川

図55 • 笹山じょうもん市
笹山遺跡で6月ごろに開催される縄文をテーマにした祭りで、
子どもから高齢者まで楽しめるイベントが盛りだくさん。

流域を中心としてあり、その規模と密集度は日本有数である。このムラの跡に佇《たたず》めば、五〇〇〇年前と変わらぬ独特の景観を追体験できる。また、山・川・海の幸とその加工・保存の技術、アンギン、火焔型土器の技を継承するようなモノづくりなど、信濃川流域には縄文時代に起源をもつ文化が息づいている。火焔型土器は日本文化の源流であり、浮世絵、歌舞伎と並ぶ日本文化そのものなのである」

認定後、国内外に広く発信するため、日本遺産魅力発信推進事業の補助を受けて、多言語でポスター、チラシ、ガイドブック、ホームページなどを作成している。また、来訪者に縄文文化の理解を深めてもらえるようPR映像、情報発信アプリ、VRコンテンツなどの作成や国際フォーラムやモニターツアーの開催などの事業に連携して取り組む予定である。今後、案内看板や土器モニュメントの設置はもとより、日本遺産という資源を活かした地域づくりがより推進できるよう努めていきたい。

新博物館建設の先に

十日町市では、二〇二〇年六月を目指して、新十日町市博物館建設事業が進行中である。火

図56 ● 現在の十日町市博物館
笹山遺跡出土の国宝の火焔型土器や石器、土製品などを間近にみることができるが、新博物館の建設事業も進んでいる。

焔型土器の発見を笹山物語の第一幕とすれば、現在の博物館での展示が第二幕で、新博物館は第三幕ということになる。その開幕を華々しいかたちで迎えられるよう努力を重ねていきたい。

十日町市は、人口五万人以上の都市としては世界一の豪雪地である。かつて現在の博物館に考古展示室を増設したとき、降雪量と火焔型土器の分布を調べたことがある。信濃川や重要なタンパク源であったであろう鮭と火焔型土器の関係についても考えてみた。雪が遺物や遺構になんらかの痕跡として残ってはいないかと検討してみたが、明確な関連性をみいだすことはできなかった。しかしその後、資料も飛躍的に増加しており、あらためてじっくり検討してみたいと考えている。

火焔土器の発見から八十有余年。日本列島を代表する豪雪地帯に花開いた「火焔型土器のクニ」の文化は、もっとも新潟県、そして十日町市らしい文化のひとつであり、先人が遺した貴重な造形の数々は多くの人びとを魅了してやまない。笹山遺跡の火焔型土器がとりもつ縁で十日町市博物館に勤めるようになって四半世紀以上がたった。今後も火焔型土器との楽しい語らいを永くつづけていけたらと願っている。

図57 ● 十日町市の冬の夕暮れ
十日町市は、人口5万人以上の都市としては世界一の豪雪地である。高台にある諏訪神社から撮影。

参考文献

新潟県教育委員会　一九七九『火焔型土器』
青柳正規　一九九二『新編　名宝日本の美術第三三巻　原始美術』小学館
菅沼亘編　一九九六『縄文の美―火焔土器の系譜―』十日町市博物館
石原正敏・竹内俊道編　一九九六『火焔土器研究の新視点』十日町市博物館
石原正敏・竹内俊道編　二〇〇〇『火焔型土器をめぐる諸問題―笹山遺跡の謎に迫る―』十日町市博物館
阿部恭平　二〇〇三「国宝・火焔型土器等発掘記」『妻有郷の文化財』週報とおかまち社
石原正敏　二〇〇四「笹山遺跡」『縄文・弥生の遺産』安城市歴史博物館
新潟県立歴史博物館　二〇〇四『火炎土器の研究』同成社
石原正敏　二〇〇四「国宝火焔型土器　新潟県十日町市博物館」『縄文ジャーナル』vol.5　国際縄文学協会
佐藤雅一・石原正敏・小熊博史　二〇〇九『縄文楽検定テキスト　縄文文化と火焔土器』信濃川火焔街道連携協議会
新潟県立歴史博物館　二〇〇九『火焔土器の国　新潟』新潟日報事業社
石原正敏　二〇一〇「豪雪地帯に生まれた文化―火焔土器の世界―」『知っておきたい新潟県の歴史』新潟日報事業社
菅沼　亘　二〇一〇「新潟県笹山遺跡出土深鉢形土器　縄文が施されていない火焔型土器」『週刊朝日百科　国宝の美四九』朝日新聞出版
菅沼亘編　二〇一一『国宝　笹山遺跡出土品のすべて』十日町市博物館
信濃川火焔街道連携協議会　二〇一一『縄文楽検定テキストII　信濃川火焔街道　縄文の旅』
石原正敏　二〇一五「「火焔型土器のクニ」から―笹山遺跡の土器、土製品や石器類―」『東北学05』はる書房
阿部恭平　二〇一六「国宝「火焔型土器」の出土状況」『JOMON Vol.5』特定非営利活動法人国際縄文学協会
菅沼　亘　二〇一六「縄文時代中期の華　火焔型土器」『JOMON Vol.5』特定非営利活動法人国際縄文学協会
阿部　敬　二〇一六「笹山遺跡第八～一〇次調査の成果概要」『ささやまの耳』十日町市教育委員会

笹山遺跡

・十日町市中条乙3081番地ほか
・交通　JR飯山線「魚沼中条」駅から徒歩15分、車で関越自動車道越後川口ICから15分

未発掘の範囲を中心にして遺跡広場として利用されており、笹山じょうもん市などのイベントが実施されている。西に信濃川対岸の河岸段丘を望め、東に森が深まる遺跡の景観を体感できる。

十日町市博物館

・十日町市西本町1—382—1
・電話　025（757）5531
・開館時間　9：00〜17：00（入館は16：30まで）
・休館日　月曜、祝日の翌日、12月27日〜1月4日
・入館料　一般300円、中学生以下無料
・交通　JR飯山線・ほくほく線「十日町」駅（西口）から徒歩10分。車で関越自動車道六日町ICまたは越後川口ICから25分

テーマは「雪と織物と信濃川」。国宝「笹山遺跡出土品」と「越後縮の紡織用具及び関連資料」「十日町の積雪期用具」等の重要文化財を収蔵展示。

長岡市立科学博物館

・長岡市幸町2—1—1
・電話　0258（32）0546
・開館時間　9：00〜17：00
・休館日　第1・3月曜、12月28日〜1月4日
・入館料　無料
・交通　JR長岡駅（大手口）からバス南循環内回りで約10分「市立劇場前」下車徒歩1分。車で関越自動車道長岡ICより約15分

二〇一四年、さいわいプラザ内にリニューアルオープンした総合博物館。

馬高縄文館

・長岡市関原町1—3060—1
・電話　0258（46）0601
・開館時間　9：00〜17：00（入館は16：30まで）
・休館日　月曜(休日の場合は翌平日)、12月28日〜1月4日
・入館料　一般・大学生200円、高校生以下無料
・交通　JR長岡駅（大手口）よりバス柏崎行きで約30分「関原南」下車徒歩5分。車で関越自動車道長岡ICより約5分

馬高・三十稲場遺跡の地にあり、国重要文化財「火焔土器」を展示。

新潟県立歴史博物館

・長岡市関原町一丁目
・電話　0258（47）6130
・開館時間　9：00〜17：00（入館は16：30まで）
・休館日　月曜(休日の場合は翌平日)、12月28日〜1月3日
・入館料　一般510円、高校・大学生200円、中学生以下無料
・交通　JR長岡駅（大手口）よりバス7番線で約40分「博物館前」下車すぐ。車で関越自動車道長岡ICより約5分

常設展示「縄文文化を探る」で新潟県域を中心とした縄文文化を解説。

遺跡には感動がある

――シリーズ「遺跡を学ぶ」刊行にあたって――

「遺跡には感動がある」。これが本企画のキーワードです。

あらためていうまでもなく、専門の研究者にとっては遺跡の発掘こそ考古学の基礎をなす基本的な手段です。また、はじめて考古学を学ぶ若い学生や一般の人びとにとって「遺跡は教室」です。

日本考古学では、もうかなり長期間にわたって、発掘・発見ブームが続いています。そして、毎年厖大な数の発掘調査報告書が、主として開発のための事前発掘を担当する埋蔵文化財行政機関や地方自治体などによって刊行されています。そこには専門研究者でさえ完全には把握できないほどの情報や記録が満ちあふれています。しかし、その遺跡の発掘によってどんな学問的成果が得られたのか、その遺跡やそこから出た文化財が古い時代の歴史を知るためにいかなる意義をもつのかなどといった点を、莫大な記述・記録の中から読みとることははなはだ困難です。ましてや、考古学に関心をもつ一般の社会人にとっては、刊行部数が少なく、数があっても高価なその報告書を手にすることすら、ほとんど困難といってよい状況です。

いま日本考古学は過多ともいえる資料と情報量の中で、考古学とはどんな学問か、また遺跡の発掘から何を求め、何を明らかにすべきかといった「哲学」と「指針」が必要な時期にいたっていると認識します。

本企画は「遺跡には感動がある」をキーワードとして、発掘の原点から考古学の本質を問い続ける試みとして、日本考古学が存続する限り、永く継続すべき企画と決意しています。いまや、考古学にすべての人びとの感動を引きつけることが、日本考古学の存立基盤を固めるために、欠かせない努力目標の一つです。必ずや研究者のみならず、多くの市民の共感をいただけるものと信じて疑いません。

二〇〇四年一月

戸沢充則

著者紹介

石原正敏（いしはら・まさとし）

1962年、新潟県生まれ。

新潟大学大学院人文科学研究科修了（文学修士）。

十日町市教育委員会事務局文化スポーツ部文化財課参事・課長補佐（博物館参事・副館長）。

主な著作　「諸磯c式土器再考」『新潟史学』22、「新潟県における洞穴・岩陰遺跡研究の現状と今後の課題」『新潟考古』1、「アメリカ式石鏃再考」『考古学と遺跡の保護』、「豪雪地帯に生まれた文化―火焔土器の世界―」『知っておきたい新潟県の歴史』（新潟日報事業社）、「「火焔型土器のクニ」から」『東北学05』（はる書房）など

写真提供（所蔵）

十日町市博物館：図1・2・5～9・19・20・26（右）・31・35・51～53・55～57／小川忠博撮影（十日町市博物館所蔵）：図11～15・17・18・21・25（下）・34・37～47・54／長岡市教育委員会：図16／佐渡市立佐渡博物館：図23／福島県文化財センター白河館：図24（左）／盛岡市遺跡の学び館：図24（右）／富山県埋蔵文化財センター：図25（上）／小川忠博撮影（浅間縄文ミュージアム所蔵）：図26（左）／山梨県立考古博物館：図28（左上）／国分寺市教育委員会：図28（右上）／小金井市教育委員会：図28（左下）／群馬県教育委員会：図28（右下）／小川忠博撮影（津南町教育委員会）：図30／新潟県立歴史博物館（秋田県立博物館所蔵）：図32（上）／魚津市歴史民俗博物館：図32（中）／遊佐町教育委員会：図32（下）

図版出典・参考（一部改変）

図4：阿部敬 2016／図10：菅沼亘ほか 1998『笹山遺跡発掘調査報告書』／図22・36：佐藤雅一ほか 2009／図27：菅沼亘編 1996／図29：菅沼亘編 2007『十日町市の縄文土器』／図33：国土地理院20万分の1地勢図「長岡」「高田」／図48～50：竹内俊道編 1995『十日町市博物館常設展示案内』

上記以外は著者

シリーズ「遺跡を学ぶ」124

国宝「火焔型土器《かえんがたどき》」の世界　笹山《ささやま》遺跡

2018年　2月15日　第1版第1刷発行

著　者＝石原正敏

発行者＝株式会社　新　泉　社
東京都文京区本郷2－5－12
TEL 03（3815）1662／FAX 03（3815）1422
印刷／三秀舎　製本／榎本製本

ISBN978－4－7877－1834－1　C1021

シリーズ「遺跡を学ぶ」

第2ステージ・第1期（通算5期） 25冊完結 （各1600円＋税）

101 北のつわものの都 平泉　八重樫忠郎
102 古代国家形成の舞台 飛鳥宮　鶴見泰寿
103 黄泉の国の光景 葉佐池古墳　栗田茂敏
104 島に生きた旧石器人 沖縄の洞穴遺跡と人骨化石　山崎真治
105 古市古墳群の解明へ 盾塚・鞍塚・珠金塚古墳　田中晋作
106 南相馬に躍動する古代の郡役所 泉官衙遺跡　藤木 海
107 琵琶湖に眠る縄文文化 粟津湖底遺跡　瀬口眞司
108 北近畿の弥生王墓 大風呂南墳墓　肥後弘幸
109 最後の前方後円墳 龍角寺浅間山古墳　白井久美子
110 諏訪湖底の狩人たち 曽根遺跡　三上徹也
111 日本海を望む「倭の国邑」 妻木晩田遺跡　濱田竜彦
112 平城京を飾った瓦 奈良山瓦窯群　石井清司

113 縄文のタイムカプセル 鳥浜貝塚　田中祐二
114 九州の銅鐸工房 安永田遺跡　藤瀬禎博
115 邪馬台国時代のクニの都 吉野ヶ里遺跡　七田忠昭
116 よみがえる金堂壁画 上淀廃寺　中原 斉
117 船形埴輪と古代の喪葬 宝塚一号墳　穂積裕昌
118 海に生きた弥生人 三浦半島の海蝕洞穴遺跡　中村 勉
119 東アジアに翔る上毛野の首長 綿貫観音山古墳　大塚初重・梅澤重昭
120 国宝土偶「仮面の女神」の復元 中ッ原遺跡　守矢昌文
121 古墳時代の南九州の雄 西都原古墳群　東 憲章
122 石鍋が語る中世 ホゲット石鍋製作遺跡　松尾秀昭
123 出雲王と四隅突出型墳丘墓 西谷墳墓群　渡辺貞幸
124 国宝「火焔型土器」の世界 笹山遺跡　石原正敏
125 徳島の土製仮面と巨大銅鐸のムラ 矢野遺跡　氏家敏之